健康ライブラリー　イラスト版

# ダウン症のすべてがわかる本

筑波大学名誉教授　池田由紀江［監修］

講談社

# まえがき

私がダウン症と最初にかかわったのは、大学卒業後に勤務した心身障害者福祉センターです。当時は「ダウン症の子どもは短命だ」「しつけはムダ」などの誤った知識をもつ人がまだまだ多く、ダウン症の子どもたちとそのご両親は途方にくれている状況でした。

これではいけないと、その後、筑波大学で早期療育のプログラムの教室を立ち上げました。そこでプログラムをおこなった子どもたちとともに、就学、就労と人生のステージごとに起こる問題に取り組むうちに、ダウン症とのかかわりは、もう四〇年を越えようとしています。

現在では、医療の進歩と、何よりも正しい理解が進んだことで、ダウン症をめぐる状況は大きく変わっています。教育を受け、仕事など、社会とのかかわりをもって生きているダウン症の人が増えているのです。

ダウン症の赤ちゃんはおとなしく、発達がゆっくりという特徴があります。こうした特徴によって周囲とのかかわりが少なくなるために、発達がうながされないという二次的な問題が起こることが少なくありません。

この本では、ダウン症の子どもの特徴と、発達をうながすための早期療育について紹介しています。

また、日常生活でできる育ての工夫、合併症の基礎知識など、ダウン症の子どもを育てるうえで欠かせない情報を網羅しています。

この本が、ダウン症の子どもとご両親、そして養育にかかわるすべての人の助けになれば幸いです。

筑波大学名誉教授
池田 由紀江

# ダウン症のすべてがわかる本

もくじ

# 2 育ちの手助け・早期療育 …… 23

# ダウン症について、正しく知っていますか？

ダウン症は、その名前はよく知られています。しかし、どんな状態か、育児や将来の見通しについては意外と知らない人も多いもの。まずは、これらの質問で理解度をチェック！

**Q1** 生まれてすぐに告知されるの？

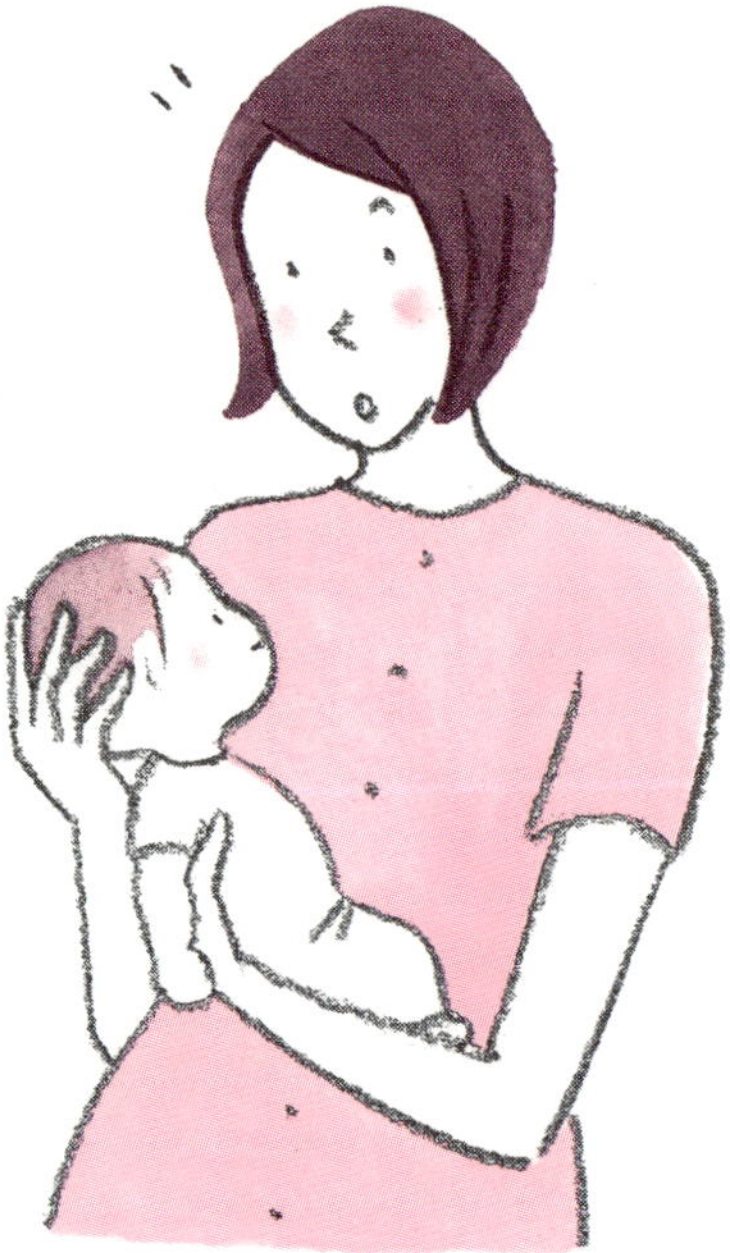

**Q2** 必ず合併症があるの？

**Q3** 体が弱いから、できるだけ寝かせているほうがよいの？

**Q4** 早期療育は開始が遅れたらムダ？

**Q5** 言葉の遅れなどはあるの？

**Q6** 進学できる学校は限られている？

**Q7** 家でもがんばって勉強をさせるべき？

**Q8** 日常生活で注意することはある？

**Q9** 自立はできるの？

←解答と解説は次ページ

# 解答

ダウン症の基礎知識、どのくらいわかりましたか？
誤解は正し、きちんと理解しておきましょう。

**A1 ○** 最近では、出生後1ヵ月ほどで診断されることがほとんどです。また、両親へのアンケートでも、早期の診断を望む人が多いという結果があります。

**A2 ×** 合併症は、必ず起こるわけではありません。また、ダウン症に特有の合併症はありません。先天性の疾患としてよく知られているものの一部が、ダウン症でやや多く見られます。

**A3 ×** 感染症の注意や合併症の治療は必要ですが、それ以外に特に注意することはありません。どんどん赤ちゃんに語りかけてふれ合い、コミュニケーションをとりましょう。

**A4 ×** いつでも、思い立ったときが始め時。遅すぎるということはありません。子どものそのときの発達状態に合わせた働きかけを工夫してください。

**A5 △** 言葉を話すのは遅れることもありますが、一般に理解は早く進みます。言葉だけに頼らず、コミュニケーションを豊かにしましょう。

**A6 ×** 最近では、保育所や幼稚園での統合保育が進んでいます。小・中学校の状況は、まだ地域差がありますが、少しずつ地域の学校での受け入れが進んできています。

**A7 △** 思春期になると、学校の勉強を親に教えてもらうのを嫌がる子どももいます。教えるよりも、聞かれたときに答える、見守るなどの対応も必要です。

**A8 △** 日常動作や家事手伝いなど、できるようになるまで少し時間がかかります。少しずつ、根気よくくり返して教えてください。

**A9 △** 就労の場は少しずつ増えていますが、完全な経済的自立はまだむずかしい状況です。支援制度を上手に活用することも大切です。

# 1

# 知っておきたい基礎知識

ダウン症には、どんな特徴があるのでしょうか。
育児上の注意は？　進学は……？
まずはダウン症の基礎知識を紹介します。

ダウン症は病気？

# 「病気」とは異なる点も多い。育ちを見守って

ダウン症は、原因ははっきりしていますが、発達のペース、程度にはかなりの個人差があります。ダウン症という名前にとらわれず、本人を総合的に見て対応しましょう。

## ダウン症はいくつもの側面をもつ

ダウン症は、体質という概念とよく似ています。たとえば、同じアトピー体質でも、皮膚炎に悩まされる人もいるし、アレルギー性鼻炎として出てくる人もいます。ダウン症もこの状況と似ていて、合併症の有無や程度、症状、状況は千差万別です。

**病気** 合併症へのケア、あるいは細やかな健康管理など、特に幼いころには医学的なサポートが重要になります。しかし、ダウン症そのものには、医学的な治療はおこなわれません。

**合併症** ダウン症では、心臓や消化器などに器質的な異常が起こることがあります。また、中耳炎などの感染症を起こしやすいという特徴があります。

**原因** ダウン症の原因ははっきりしていて、21番染色体が過剰にあることです。しかし、合併症、発達の程度などは人によってかなりの差があります。

**発達の遅れ** 体の成長や運動能力、情緒、知的な発達がゆっくりです。スピードや、最終的な到達点は人によって異なります。

**障害** 知的発達の遅れや、合併症による日常生活の制限などがあります。ただし、障害には、ダウン症によるものだけではなく、社会生活のなかでつくられる障害もあります(→P11)。

### 治す面と育てる面がある

ダウン症が長らく「病気」としてとらえられてきた背景には、ダウン症に合併症が見られることや、幼いころに感染症にかかりやすく、健康管理に注意が必要だったことがあります。

しかし、現在では合併症や感染症はコントロールできるようになっています。むしろ、こうした健康上のトラブルを「治す」とともに、どのように育て、社会に羽ばたかせていくかという新しい課題が立ち上がってきています。

ダウン症への医学的なサポートはほんの一部にすぎません。発達を見守り、能力を伸ばす、「育て」のサポートが欠かせないのです。

## 必要なサポートは段階によって異なる

ダウン症の人やその家族にとって、障害のある部分や生活上の困難は1つではありません。障害の種類や必要なサポートは、段階的に異なります。これが、ダウン症が「病気」と異なる点です。

### ●自立支援や社会の受け入れ

ダウン症の人が社会で過ごしやすくなるよう、就労や支援の仕組みを整える必要があります。福祉に関してはまだまだ整備が遅れている点がたくさんあります。

また、周囲の人のみならず、社会全体がダウン症を正しく理解し、誤解や偏見を解消していかなければなりません。

### ●療育や訓練

ダウン症だから「～できない」と考えず、できるようになるための練習や指導をおこないます。発達の遅れから生じる能力のかたよりが固定される前に、さまざまな働きかけを通じて子どもの力を伸ばします。

### ●医学的なサポート

健康管理には、必要に応じて医学のサポートがおこなわれます。生まれつきの異常については、体力が許せば新生児期でも手術をおこなうことができ、しかもその成功率は高くなってきています。

### ③社会的な生活に障害がある

①や②によって、社会での生活に支障をきたす場合があります。ダウン症の場合には、進学先、就労、自立など、成長の過程で選択肢が限られていたり、チャンスを得られないなどの不利益をこうむる場合が少なくありません。

### ②能力に障害がある

①に付随して、一人でできることが何らかの原因で制限されている状態です。ダウン症の場合、かつては「できないだろう」と思われていた事柄が、早期療育や細やかな指導によってかなり「できる」ようになることがわかってきました。

### ①臓器の働きなどに障害がある

身体的な症状などによって、健康維持や日常生活に支障がある場合を指します。ダウン症では、脳機能の遅れによる知的障害や、合併症があります。

くわしく知る①

# 身体的・発達上の特徴がある

ダウン症では、いくつかの身体的な特徴があります。人によってどの特徴が表れるかは異なりますが、特に新生児期の体のやわらかさは、多くの赤ちゃんに見られます。

## 早くから特徴が表れる

ダウン症には、いくつかの特徴があります。身体的な特徴もありますが、認知の力や活発さが少し弱いなどの傾向もあります。

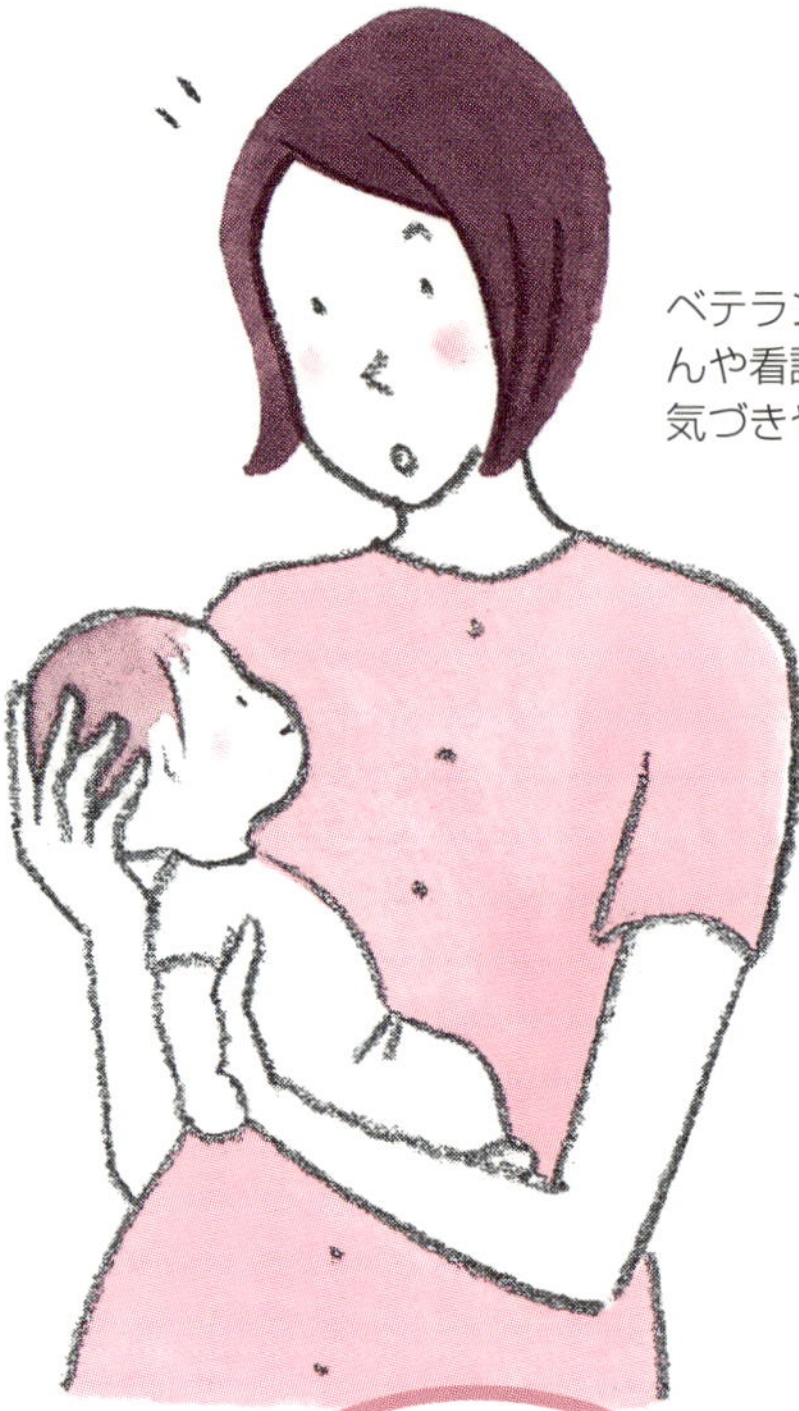

ベテランのお母さんや看護師などが気づきやすい

### おとなしくて反応が弱い

ダウン症の赤ちゃんはよく寝て、あまり泣かないので「手がかからない」と言われます。自分から働きかける力が弱いだけでなく、相手の語りかけやしぐさにもあまり反応しません。

### お乳の飲みが悪い

母乳でもミルクでも、吸いつく力が弱くなかなか飲みません。もともと体力の弱い赤ちゃんが、あまりお乳を飲まないために成長が遅く、お母さんをあせらせることもしばしばです。

### 身体的特徴もある

頭や鼻、耳（耳介《じかい》）や目じりの形などに特徴があります。すべての特徴が表れるわけではありませんが、いくつか重複するケースが多いため、外見的に似やすくなります。最近では、こうした特徴をもたらす遺伝子が、ダウン症の原因となる21番染色体に含まれていることがわかっています。

### 抱くとやわらかい

関節や筋肉がやわらかく、抱くと「やわらかい」と感じさせます。ふっくらとした赤ちゃんのやわらかさとは違い、「手ごたえがなくておもちのようだ」と表現する人もいます。

## 子ども自身の要因

### 関心をあまり示さない

好奇心がないわけではありませんが、身の回りのできごとに対する反応が弱く、対人関係を築いたり、ものごとの因果関係を学ぶ機会が乏しくなります。

### 筋肉の力が弱い

立つ、歩くなどの動作ができるまで時間がかかります。また、全身を協調させるのも苦手です。

### 話すのが苦手

自分から話すのが苦手で、言葉以外のコミュニケーション手段を用いたり、言葉を覚えるのが遅れます。

### 認知の力

自分の周囲のできごとを認識し、理解するのが苦手なため、世界がなかなか広がりません。また、視覚（ものを見る力）に比べて聴覚（聞く力）が弱いなど、認知の力にもアンバランスが見られます。

### 運動の力

筋肉の力が弱いため、運動の発達が遅れます。弱い力を姿勢や動き方で補おうとするために、かたよった姿勢や動作をしがちです。

### 言葉の力

ダウン症では、言葉の学習がゆっくりのうえに、話すことが苦手です。

## 周囲のかかわりも影響する

ダウン症の特徴は、認知や言葉、運動などのパターンにも表れます。こうした特徴は、もともとある傾向に加え、周囲とのかかわり方で変化します。

## 周囲の働きかけ

### 子どもの力を引き出す

認知、運動、言葉は周囲の働きかけや日々の積み重ねで伸びる力です。周囲の人が積極的にかかわり合うと、子どもの力を引き出し、よい習慣が根付きます。

## ダウン症の特徴には個人差がある

ダウン症の赤ちゃんは、その顔つきの特徴や、筋肉の緊張が弱く、体がくにゃくにゃとやわらかいなどの特徴があります。

しかし、こうした身体的特徴や発達上の特徴は、一人ひとり違います。赤ちゃんの特徴のみに左右されず、赤ちゃんの成長を楽しみながら子育てをしましょう。

## 早い発見を、早い対応につなげたい

ダウン症の赤ちゃんはおとなしく、お母さんやお父さんが話しかけたりしても反応が弱いようです。しかし、この段階で働きかけをあきらめると、赤ちゃんの世界は広がりません。

発達の特徴や適切なかかわり方も含めて、早い段階から正しい知識をもつことが望まれます。

その意味で、診断が早いことは大きなプラスとなります。

くわしく知る②

# 社会的な力や知的発達は成長とともに変化する

ダウン症というと「知的障害」「社会生活に困難がある」というイメージをもつ人が多くいますが、最近では、社会で活動している人が増えています。

## ダウン症をめぐる状況は変わりつつある

ダウン症は多くの場合、知的発達の遅れがありますが、一方で社会性が高く、対人関係を築きやすいという特徴があります。

早期療育や、ダウン症の子どもの力を生かす場が増えたことで、社会で活動できる人が増えてきています。

## 発達にかかわる要素はたくさんある

知的発達を示すIQ（知能指数）は、子どもの一面にすぎません。社会で生活するうえで求められる能力は、知的発達だけでなく、社会性、社交性、自立性などさまざまな側面があります。

### 知的発達

ダウン症の人の知的発達の程度はさまざまです。以前は「ダウン症は知的障害があり教育はあまり意味がない」と考える人もいましたが、それは誤りです。

知的発達のペースはゆっくりですし、到達点には個人差があります。しかし、知的能力は、生まれつきのものだけではなく、つくられる部分が多くあります。療育や働きかけによって、緩やかに上昇していくケースがほとんどです。

### IQは意識しすぎない

IQは、知的発達の1つの目安です。しかし、IQはあくまでもその年齢での相対的な目安で、知的活動の1つの側面を数字で表したにすぎません。

IQにとらわれすぎず、子どもの様子をありのままに見て、できないことを教え、できることを伸ばすように接してください。

## できることを増やす

社会的な力とは、他人の気持ちを推測したり、対人関係を良好に保つ能力です。ダウン症の人は総じて、IQよりも、社会的な能力が高い傾向があります。

根気強い働きかけや、ダウン症の人を対象にした療育や教育などによって、能力はかなり伸ばすことができるのです。

子どものころから、あいさつや自分のことを自分でする練習を重ねて、できることを増やす取り組みが大切です。

### 社会的な力

ダウン症について、知的能力と社会的能力を調べた研究では、ほとんどのケースで、ダウン症の人はIQの数値から想定されるよりも高い社会的能力を備えていることがわかっています。

個人差もありますが、ダウン症の人は他人の気持ちや雰囲気を感じる能力が高く、他人とかかわることが好きです。こうした傾向が、社会的な力を伸ばすと考えられます。

### 生活の力

あいさつや身の回りの整頓など、生活の基本的なことを自分でできる力です。子どものころから練習し、習慣として身につけておきたい力です。

### 性格

もちろん個人差がありますが、ダウン症の人の傾向として、「人なつこい」「世話をするのが好き」「社交的」などの特徴があるといわれています。こうした人とのかかわりに積極的な性格が、対人関係を築いたり、就労の際にプラスに働きます。

お手伝いは貴重な機会

くわしく知る③

# 発達はゆっくりでスピードには個人差がある

ダウン症では、発達のペースが緩やかです。しかも、早くできるようになることと時間がかかることがあるなど、発達に個人差があります。

## できなくてもあせらない

ダウン症の発達の特徴は、「できるようになるまで時間がかかるが、できないことは少ない」ことです。合併症などの問題がなければ、基本的には通常の育児とすべきことは変わりません。

ただ、ダウン症の特徴を知り、少していねいに、根気強く子どもとかかわる必要があります。

お母さんやお父さんが、周囲の子どもの様子と比べて「うちの子はまだ歩かない、話さない」など発達のペースを危ぶむことがよくあります。しかし、他人との比較はあまり意味がありません。

一般的なペースよりも、本人のペースを大切にしてください。

## ダウン症の発達の特徴

### ① ゆっくりである

立つ、歩く、話すなどの乳幼児期の発達を見ても、ほかの子どもたちに比べ、半年〜１年ほどの差が出ることがしばしばです。情緒や知的発達もゆっくりのため、年齢だけで発達を見るとほかの子どもよりも遅い、障害があると感じられます。また、同じダウン症でも個人差が大きいことも知っておきましょう。

## 個人差も大きい

だれでも得意・不得意があるように、発達の中身には個人差があります。好きなことは苦になりませんが、嫌いなことは身を入れて練習できないものです。

とくに学童期〜青年期には、こうした個人差を加味した指導や接し方を工夫する必要があります。

## ② 苦手なことはあっても、まったくできないことは少ない

ダウン症では、まったくできないということはあまりありません。その点も、ダウン症の人がいろいろな仕事に就くうえで有利になっています。
ただ、苦手なことでも根気強く取り組めるかどうかは、幼いころからの周囲の人の指導や療育に左右される面もあります。

## ③ 療育や訓練で発達がうながされる

最近ではダウン症の赤ちゃん・幼児を対象にした療育のプログラムもあります。ダウン症の特徴をふまえたうえで、健康管理をし、生活に欠かせない自立の力を養うよう工夫されています。こうしたプログラムによって、ダウン症の子どもの発達がうながされます。

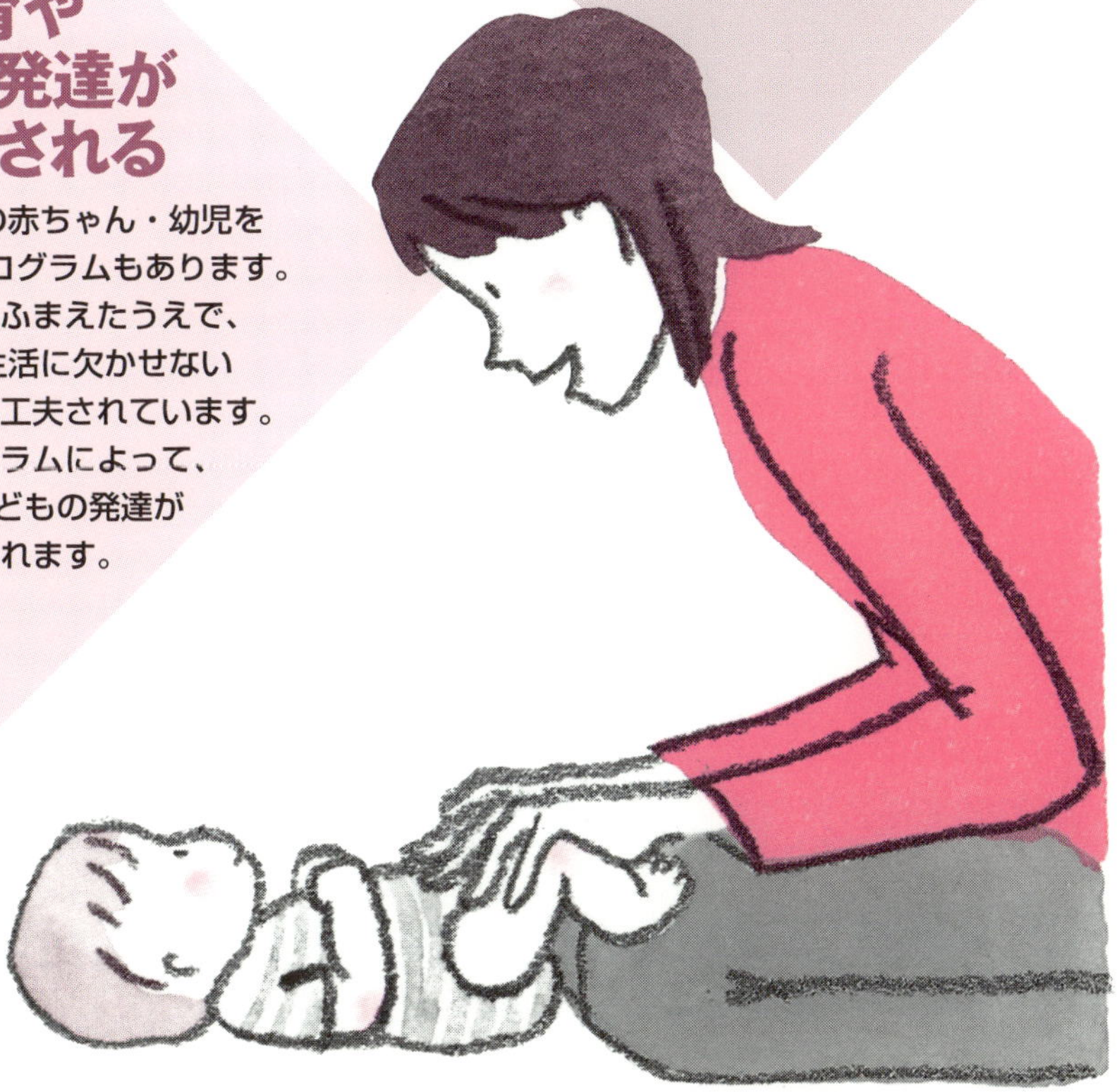

発見と診断

# 医師のほか、療育のスタッフからも説明を受けたい

ダウン症は、最近では合併症の有無も含めて出生前に診断されることもありますが、出生直後に必要な検査をおこない確実な診断をして、その後の療育方針を立てます。

## 早期の発見をプラスにするために

ダウン症の疑いがある場合には、出生後ほどなく染色体検査がおこなわれます。ほとんどの場合、出産直後の母親に検査について説明することはむずかしく、父親や身近な家族に検査の承諾を得ます。

親にとっては、子どもとのふれ合いを実感する前に診断を受けるショックはかなり大きいものです。

このようなショックや不安を受け止めるためには、カウンセラーなどによる心のケアが必要です。親がダウン症の赤ちゃんに深い愛情をもって育児できるよう支援することが欠かせません。早期の診断を親のサポート、育児に活かすわくぐみづくりが重要です。

## 検査の流れ

ダウン症の疑いがある場合、ダウン症そのものの診断のほか、合併症の検査などを並行しておこないます。

**ダウン症の疑いあり**

**症候を見る**

ダウン症に見られる身体的な特徴が表れていないか、全身をチェックします。

**染色体検査**

ダウン症の確定診断には、21番染色体の異常を確かめる「染色体検査」が欠かせません。赤ちゃんの血液を少量採って、血液中のリンパ球を調べます。検査の結果が出るまでには、2週間ほどかかります。

**合併症の検査**

ダウン症に伴って、いろいろな合併症が表れる場合があります（→Ｐ72）。染色体検査と並行して、合併症の有無も入念に調べます。

合併症のなかには、生まれてすぐに緊急手術がおこなわれるものもあります。

**確定診断**

## 説明はいろいろなところで受けておきたい

最近では、「ダウン症の疑いあり」の時点で、ダウン症の専門医や、地域の中核病院の小児科を紹介されるケースがほとんどです。検査を医療機関でおこなうことから、ダウン症の診断や説明は、まず医師から伝えられます。

### 医学的な説明

ダウン症の原因や経過、合併症などのほか、健康維持について気をつけるべき点などが説明されます。

ダウン症への取り組みは、医師個人や地域によって差があることが多く、説明の内容が人によって異なる場合があります。

### 子どもについての疑問は多岐にわたる

最初の説明が納得のいくものだったかどうかとはまた別に、育て方や将来のことなど、医学的なこと以外にさまざまな疑問を感じるものです。その場では確認できなくても、そうした疑問は早いうちに解消しておきたいものです。

説明は、子どもの養育にかかわる人全員で聞くようにしたい

### 医師以外の人からも話を聞く

診断を受けた際には、医学的な説明だけではなく、育児などについて、医療機関のスタッフや、地域の保健担当に話を聞くことが望まれます。医療機関によってはカウンセラーがいますから、相談してみてください。

## ほかの専門家にも相談する

### 医療カウンセラー

医療機関によっては、カウンセラーが常駐しています。ダウン症に関する相談にのってもらうほか、サポートをおこなっている機関を紹介してもらえます。

### 保健師

地域の医療機関に関する情報や、福祉についての情報を得ることができます。

### 療育に携わるスタッフ

多くの子どもと接する産科・小児科の看護師や、理学療法士、作業療法士、言語聴覚士など、ダウン症の療育に携わった経験のある人の情報も貴重です。

**進路**

# 進学も就労も選択肢は増えつつある

最近、ダウン症の人の教育、社会進出に目が向けられるようになってきました。それにともなって、少しずつ進学、就労の選択肢が増えています。

## 幼少時は統合保育が多い

地域によっては、幼児を対象にした知的障害児通園施設がありますが、数はあまり多くありません。ほとんどの場合は、3歳ごろになるまで療育機関に通い、受け入れ年齢になると幼稚園、保育所に通います。

### 幼稚園・保育所

保育所は、児童福祉法にもとづく福祉施設で、入所には母親の就労などの条件があります。入所を希望する場合は相談するとよいでしょう。

幼稚園は教育機関のため、おけいこや学習的な要素が強い施設もあり、ダウン症の子どもは適応できないこともあります。しかし最近では、積極的にダウン症を受け入れる園も増えてきています。

家族以外の人と接する初めての機会。ほかの子どもや先生がすることを見て学んだり、刺激を受ける貴重な場となる

## 小学校・中学校の通学形態はさまざま

小・中学校になると、通学の形態は個人によって、また地域によってもかなり異なります。多くの場合は、地域の特別支援学校か、学区内の特別支援学級に在籍することになります。また、地域の通常学級に通う子どももいます。

### 特別支援学級

子どもの特性に合わせた指導が受けられます。教科ごとの指導のほか、言葉など、苦手なことについて重点的な指導を受けられます。日本では、ダウン症の子どもの半数以上が、特別支援学級で指導を受けているといわれています。

### 特別支援学校

ダウン症の場合は、知的障害が比較的重い子どもや、聴覚や視覚の合併症のある子どもが指導を受けています。

また、最寄りの学校に特別支援学級がないために通学する場合もあります。

## 本人の意思をなるべく尊重する

ダウン症の人の寿命が以前よりもずっと長くなった現在では、ダウン症の人が社会でどのように生きていくかが、大きな課題となっています。

ダウン症の人の進学、就労において、もっとも大切なのは本人の意思です。

進学、就労に関しては、周囲の人や親の希望もあるでしょう。しかし、本人がある程度の年齢に達していれば、必ず本人の意思を確認することが必要です。

本人の希望、目標に向かって今どんな準備が必要なのかなど、みなで話し合い、ある程度の見通しを立てましょう。

## 就労に関しては本人の楽しさも考えて

就労の目的は、「仕事に就くこと」ではなく「仕事を続けること」です。仕事が続けられるかどうかは、本人が楽しく、やりがいをもってできるかどうかです。

仕事の内容や報酬だけでなく、本人の感想も確かめてください。

就労の際には、職場の環境や通勤の負担なども考慮したい

## 進学・就労の道筋は発展途上

青年期の進学、就労については、まだ選択肢がそれほど多くない状態です。進学であればより広い選択肢が、就労ならより安定した雇用の確立が望まれます。

### 特別支援学校の高等部など

教科ごとの指導のほか、卒業後の就職を見越して、さまざまな作業に関連した取り組みがあります。

1人ひとりの状態に合った指導が受けられるほか、就労に関する情報が集めやすいという利点があります。

### 作業所、障害者雇用

地域の福祉行政や親の会、NPOなどが主体となって運営している作業所や授産施設があります。また、一般企業による障害者雇用や、作業能力があってもさまざまな要因から一般就労がむずかしい人を対象にした「福祉工場」の取り組みも少しずつですが増えています。

COLUMN

# 周囲の人もサポートを受けよう

早期療育の教室や親の会での交流も助けとなる

## 親へのサポートは始まったばかり

ダウン症をめぐる支援というと、本人を対象にした支援を思い浮かべる人がほとんどです。しかし、最近では、ダウン症の子どもの親に対する支援が始まりつつあります。

ダウン症は、告知のタイミングがほかの知的障害と比べて非常に早いという特徴があります。そのため、親は子どもとのふれ合いを実感できないまま、「障害者」として の子どもと向き合うことになります。また、赤ちゃんにとって親とのふれ合いが大切な時期に、親がショックで赤ちゃんに向き合えないこともしばしばあるのです。

こうした親の心を支え、子どもと向き合うためのカウンセリングをおこなう医療機関が、少しずつ増えてきています。

## 段階をふんで少しずつ

それでも、親がダウン症について受け入れるには、時間がかかります。とくに、ダウン症であることで制約を受けたりすると、深い失望を感じるものです。

しかし、そうした反応はごく自然なことです。そうした反応を繰り返して、少しずつ障害について前向きに考えていけるようになるのです。

あせらず、ゆっくり向き合いましょう。

# 2
# 育ちの手助け・早期療育

ダウン症の赤ちゃんは、筋肉の緊張が弱く、
発達が少しゆっくりという特徴があります。
こうした特徴をふまえて赤ちゃんの発達を助ける
「早期療育」について解説します。

## 発達の目安

# 少しゆっくりのペースを目安に

ダウン症の子どもは、体の発達がゆっくりです。しかし、座位から始まり、ハイハイから立ち、歩く……という順序は基本的に変わりません。

### 体・認知の発達

体の発達と認知の発達は密接に関係しています。運動をさせたり、声をかけたりすることが、体と認知の双方の発達をうながします。

### 言葉の発達

認知が進み、かつ、ものと言葉の関係がつかめてくると、言葉となって表れてきます。

目でものを追う
ものに手を伸ばす
首がすわる
寝返りをうつ
1人で座る
ハイハイする
つかまり立ちする
つたい歩きする
1人で歩く
つみ木を積む
相手の言葉を理解し始める
言葉を真似する
絵の内容と言葉を一致させられる
27 24 21 18 15 12 9 6 3 ヵ月
歳 1歳 0歳


育ちのペースよりも、育ち方に目を向けて

一般的には、だいたい1歳ごろに「1人で歩く」、2歳ごろに「2語文を話す」、4歳ごろには「自発的に着替える」動作ができるようになる

## ゆっくりだが順序はほぼ同じ

ダウン症の赤ちゃんは、少し発達がゆっくりです。体の発達だけではなく、言葉の出始めなども、一般にいわれている目安よりも遅くなります。

ただし、できないわけではありません。遅いことにとらわれず、ダウン症の子どもの特徴を理解して、しっかりと周囲の人がかかわっていくことが必要です。

## しんぼう強く見守る

下の表は、ダウン症の子どもの発達の目安です。

実際には得意・不得意がありますし、動作によってもばらつきがあります。長い目で育ちを見守りましょう。

トイレトレーニングや食事などの自立の練習も、地道な積み重ねです。毎日のことなので、練習の機会はたくさんあります。あせらず、じっくり取り組んでください。

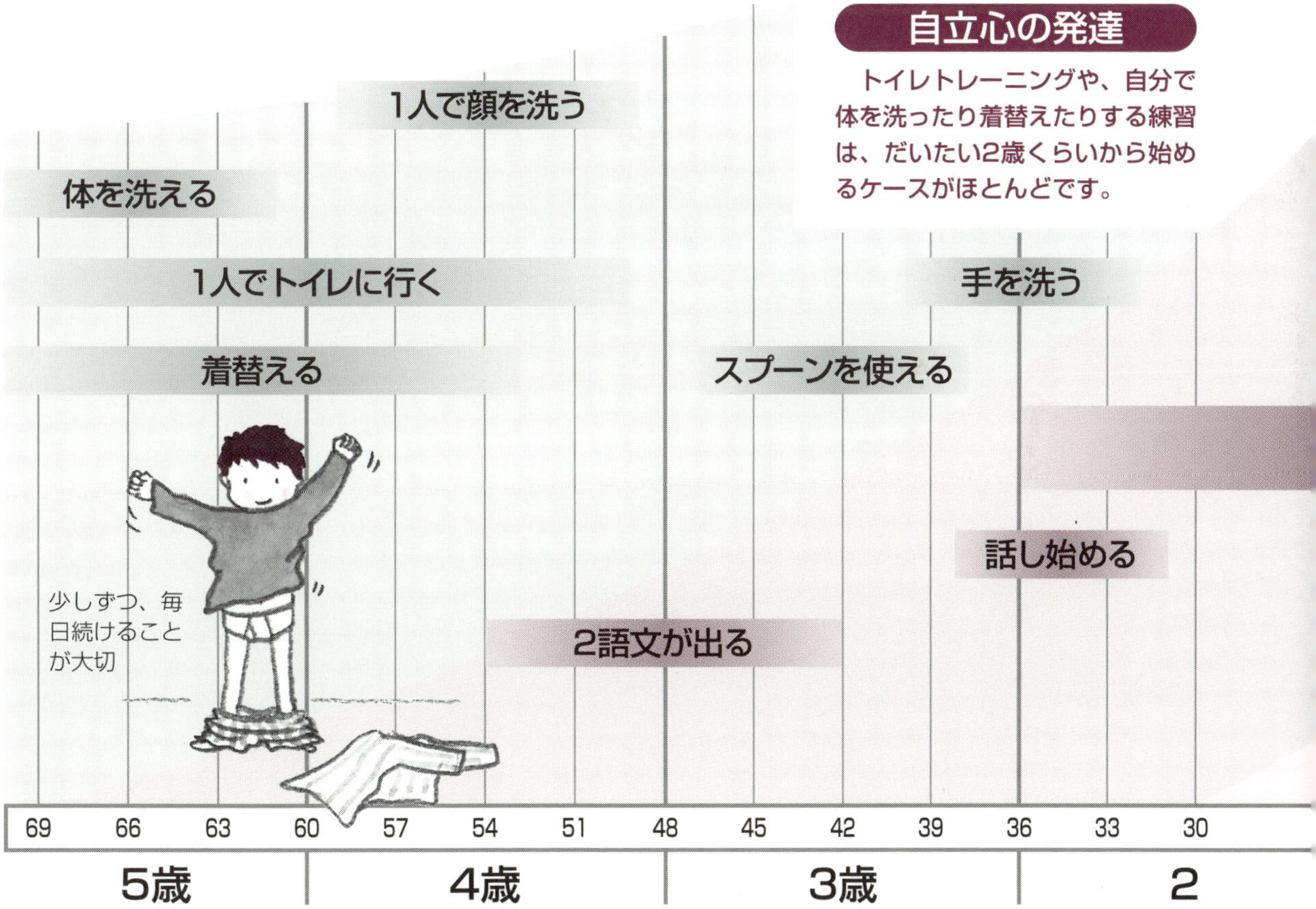
自立心の発達
トイレトレーニングや、自分で体を洗ったり着替えたりする練習は、だいたい2歳くらいから始めるケースがほとんどです。
1人で顔を洗う
体を洗える
1人でトイレに行く
手を洗う
着替える
スプーンを使える
話し始める
2語文が出る
少しずつ、毎日続けることが大切
69
66
63
60
57
54
51
48
45
42
39
36
33
30
5歳
4歳
3歳
2

なぜ必要か

# 体とこころの成長をうながす

早期療育は、基本的には幼少時から始めるのがベストです。しかし、「この時期、この方法でなければならない」ということはありません。

## 少しの手助けで育ちを守る

ダウン症には、第1章で説明したようなさまざまな特徴があります。そこで、お母さん、お父さんは、そうした特徴をふまえて、少していねいに赤ちゃんとかかわっていく必要があります。

早期療育とは、具体的に赤ちゃんとかかわっていく方法を示したもので、その最大のポイントは「よく赤ちゃんとふれ合い、語りかける」ことに尽きます。

よく「今からでは遅すぎるか」と心配する人もいますが、多かれ少なかれ、親は自分の子どもに語りかけ、ふれ合っているものです。気にしすぎず、今から始めればよいでしょう。

### 体の育ちを助ける

早期療育では、0歳児のころから、体を動かし、筋肉の発達をうながします。

### 細やかな健康管理

生まれたばかりの赤ちゃんでは、合併症の有無だけではなく、感染症にかかりやすいなどの心配もあります。健康状態のチェックは欠かせません。

### 正しい姿勢や運動を身につける

ダウン症では、筋肉の緊張が弱いため、体を動かしたり、背筋を支えるなどの基本的な動作が苦手だったり、筋肉の弱さを補って不自然な姿勢をとったりします。そこで、マッサージや体操などで、体を支える筋肉の発達をうながし、正しい姿勢を身につけさせます。

### 家庭が中心

ダウン症の赤ちゃんも家族の一員です。ほかのきょうだいや祖父母といっしょに生活するなかで成長します。家族の愛情につつまれて成長するのです。

## こころに適切な刺激を与える

小さな赤ちゃんは、身の回りのことを見たり聞いたりして成長します。診断直後には、親が沈みがちの場合が多いのですが、親とのふれ合いが赤ちゃんのこころを育てることを、忘れないようにしたいものです。

### 刺激を届きやすくする

赤ちゃんに繰り返し語りかけたり、いろいろな音や声を聞かせるなど、こまめな働きかけとちょっとした工夫で、赤ちゃんに刺激を届きやすくできます。

### ふれ合いが子どもに刺激を与える

マッサージをしたり、体を動かすなどの運動の刺激が、赤ちゃんの全身の発達にプラスに働きます。さまざまなかたちで赤ちゃんとふれ合って、赤ちゃんの感覚を総合的に伸ばしてください。

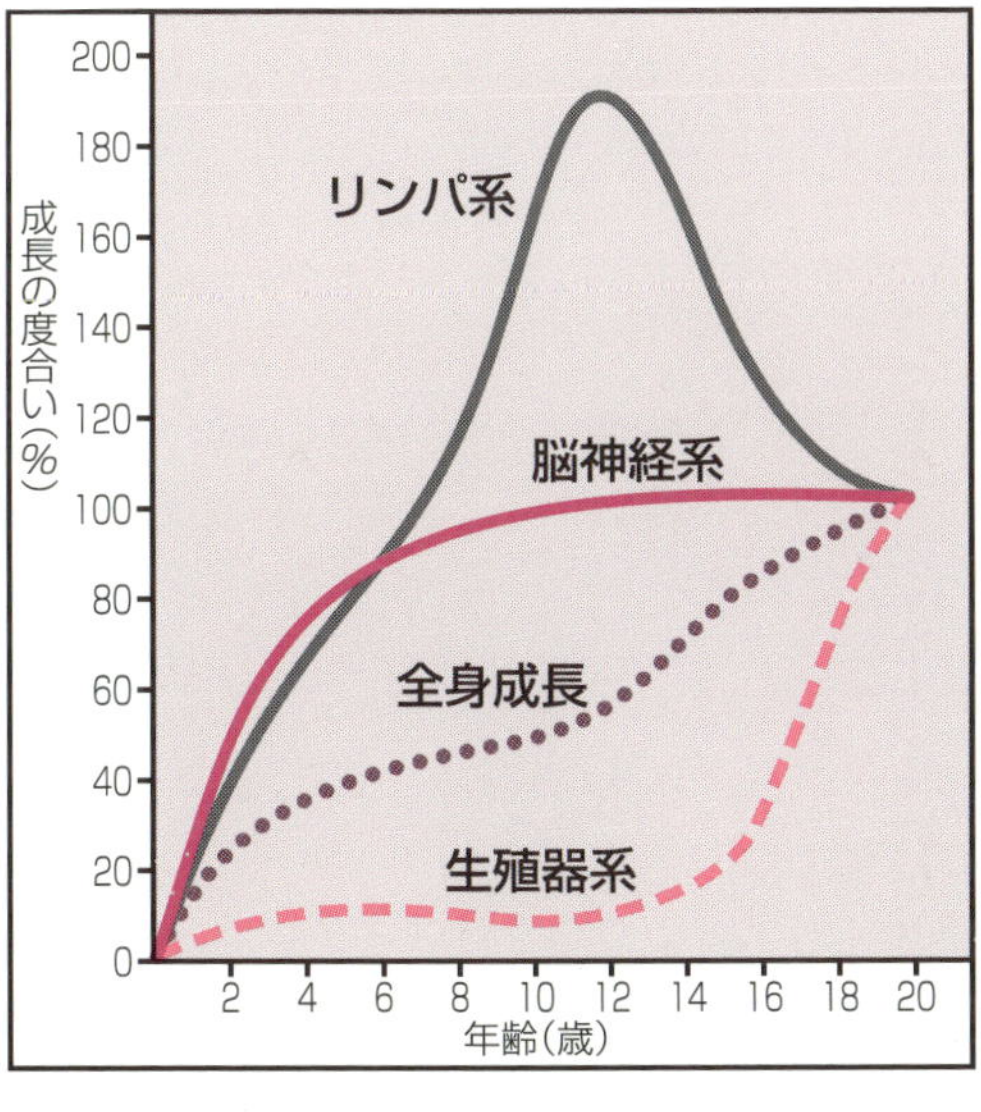


**●体の部位によって成長する時期が違う**

子どもの年齢と、体の各部位の発達の一般的なペースを表した図。成長の度合いを%で表示している。なかでも、脳神経系とリンパ系は、幼少時に急速に発達するが、リンパ系は12歳ごろまで発達が続くのに対し、脳神経系は6歳ごろで伸びが緩やかになる。このことが、ダウン症では早くから働きかける必要性の1つの根拠となっている

(『新版ダウン症児の育ち方・育て方』より)

どこでできる?

# 病院や療育センターなどで指導が受けられる

早期療育のプログラムは、医療機関や地域の療育センターなどに教室があります。赤ちゃんの発達程度に応じて専門家の指導を受け、家で継続的におこなうのが理想的です。

## 指導は専門家に受け、実践は家庭で

**プログラムの内容は、赤ちゃんの発達段階や、発達のバランスによって調整します。身近に指導を受けられる場があれば、専門家に相談しながらおこなうのがベストです。**

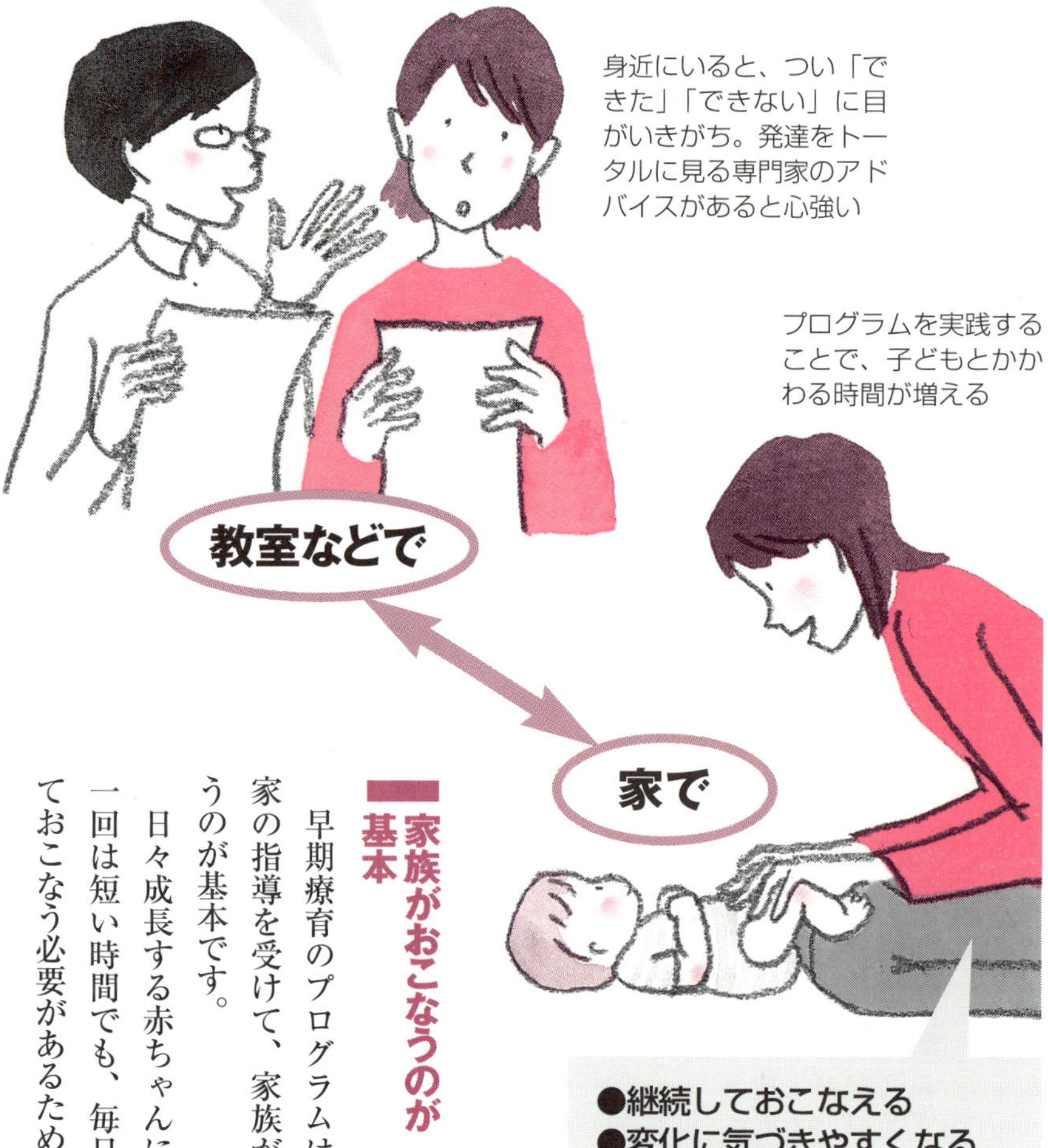

●方法や実践の目安を学ぶ
●プログラムの作成
●ほかの親や子どもとの交流
プログラム自体に関する指導が受けられるのはもちろん、ダウン症の子どもをもつほかの親との交流ができるのも、教室のよいところ
身近にいると、つい「できた」「できない」に目がいきがち。発達をトータルに見る専門家のアドバイスがあると心強い
教室などで
家で
プログラムを実践することで、子どもとかかわる時間が増える
●継続しておこなえる
●変化に気づきやすくなる
継続しておこなうことで、子どもの成長を実感できる


### 家族がおこなうのが基本

早期療育のプログラムは、専門家の指導を受けて、家族がおこなうのが基本です。

日々成長する赤ちゃんに、一回一回は短い時間でも、毎日継続しておこなう必要があるためですが、

## 子どもの力を底上げする

赤ちゃんは、自分で育つだけでなく、周囲からの働きかけを受けて育ちます。早期療育を通じて周囲の人が細やかに子どもにかかわると、子どもが本来もつ「育つ力」を底上げできます。

## 認知の力の特徴

ダウン症では、聴覚（聞く力）よりも、視覚（見る力）のほうが強いという特徴があります。

### ●反応を引き出し、認知の力を強める

声をかけながら、赤ちゃんの顔を自分のほうへ向けたり、好きなおもちゃを見せてつかもうとするのをうながすなど、反応を「待つ」だけではなく「引き出す」よう工夫します。

## 言葉の力の特徴

言葉の発達は遅れますが、個人差もあり、おしゃべりの上手な子どももいます。

### ●まずはコミュニケーションを成立させる

言葉を話すには、「伝える―答える」の経験が欠かせません。自分が働きかけたら周囲が反応するという経験が、「話したい」という気持ちを育てます。明瞭に正しく話す練習は、言葉が出てからおこないます。

## 体の発達の特徴

筋肉の緊張が弱いため、発達がゆっくりで、また、自分で体を動かすことがあまりありません。

### ●積極的に動かしてバランスのかたよりを整える

少しずつ体を動かす練習をさせます。特に、ハイハイをするときや立つ時期には、筋力で体を支えるかわりに、関節をそらす姿勢をとることが多いので、正しい姿勢がとれるよう、ていねいにかかわる必要があります。

## 社会性は高い

ダウン症の人は、他人の気持ちを感じとったり、協調することにすぐれています。日常動作はもちろん、バスや電車に乗るなどの社会行動も、練習次第でこなせるようになる人がほとんどです。

それよりも、プログラムを通じて、赤ちゃんとの交流をはぐくむことができるのは大きな魅力です。

プログラムの大半は、日ごろのふれ合いを、少していねいに段階をふんでおこなうものです。プログラムを実践することばかりに気を取られず、赤ちゃんの様子をしっかりと見て、話しかけながらおこないましょう。

# 発達の過程に合わせて動作を助ける

プログラムは、年齢や子どもの発達の程度を見ながらおこなっていくものです。熱心に取り組むあまり、「木を見て森を見ず」にならないよう気をつけてください。

## 一つの動作に二〜三ヵ月かかるつもりで気長に

赤ちゃんの体は、全身の筋肉がいろいろに関係しあって育ちます。また、首がすわると周囲を見回せるようになって、視覚、聴覚の発達をうながすなど、体と認知の発達も相互にかかわります。

赤ちゃんの運動を補助するときには、一つの動作にこだわりすぎてはいけません。

呼びかけるときに少し首を支えたり、オムツ替えのときに足を動かしたりと、ちょっとずつ、気長に取り

## 発達全体を見ながらおこなう

ここでは、歩くまでの発達の流れと、発達の段階に合わせた体操の例を紹介します。実際のプログラムでは、体操の段階が細かに設定されています。

**体操の例**

目の前でおもちゃをゆっくりと水平に動かして、目で追わせる。「こっちよ」など、声をかけて注意をうながして

### ものへの興味が体を動かす

赤ちゃんのそばに好きなおもちゃを置いたり、「ホラ、これ好きでしょ」とおもちゃを見せたりすると、それをとろうとする赤ちゃんの運動をうながします。

## 認知の力

### ものを目で追う

ものに気づいて、見る、見つめることは認知の第一歩です。この時期から、人の顔を見たり、音を聞いたりして、認知の力は伸びていきます。

### ものに合わせて頭を動かす

頭を支える筋肉が発達すると、頭を動かしてものを見られるようになります。見る範囲が広がると、認知の幅もぐんと広くなります。

### ものに向かって手を伸ばす、手にとる

目で見たものを手でつかもうとします。手を伸ばしたり、体を移動できるようになると、ものをさわったりしゃぶったりして、認知の力はどんどん伸びます。

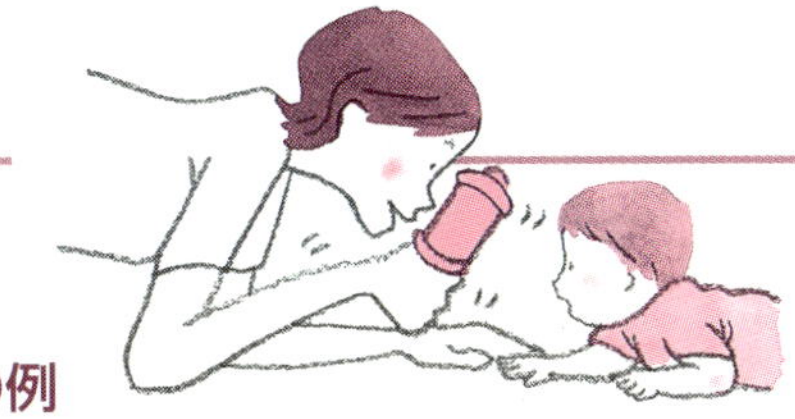

**体操の例**

固いマットレスの上などに赤ちゃんをうつぶせにし、少し上のほうから声をかけたり、おもちゃの音を聞かせて顔を上げさせる。最初は、赤ちゃんのあごに手をそえて補助し、徐々に赤ちゃんが自分の力で上げるように導く

## 運動の力

### 首がすわる

ダウン症の子は、生後半年ほどで徐々に首がしっかりしてきます。首がすわると、ものを目で追うなどの認知の力もいっしょに伸びます。

### 体を動かす

手足をバタバタしたり、欲しいものに向かって手を伸ばしたりします。

オムツ替えや入浴時に、手足を動かしてあげると、赤ちゃんは自分の体を意識し始める

### 寝返りをうつ

手足の力がついてくると、寝返りをうったり、うつぶせになったときに腕で上半身を持ち上げるなどの動きができるようになります。

**体操の例**

赤ちゃんを座らせて、最初は腕の付け根を支えて補助する。安定してきたら、補助する部分を、腰、おしり、と徐々に下げて、かかる力も少なくしていく

### 座る

首がすわると、やがて背中を立てて座れるようになります。座ると頭が高くなって視野が広がり、より多くのものを見られるようになります。

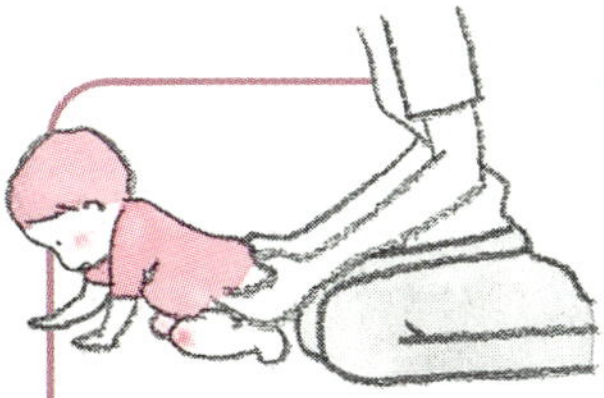

**体操の例**

ハイハイをしている子どもの後ろから手をそえ、両手と膝をつく姿勢をつくる。ダウン症の子は股関節がやわらかいので、足が広がりすぎないように注意する

### ハイハイをする

ハイハイは、自分の力で移動する最初の大切なステップです。ただ、「足で蹴れない」「手のひらではなくひじを使う」など、正しくない姿勢のハイハイを覚えてしまう赤ちゃんもいます。

### 立つ、歩く

つかまり立ち、伝い歩きを経て、自力で歩き出します。

組みましょう。

一つの動作ができるようになること以上に、その過程で、赤ちゃんと密接にかかわることのほうが、赤ちゃんの発達には有意義なのです。

言葉の練習①

# コミュニケーションの楽しさから始める

言葉の練習は、まず「言葉によらないコミュニケーション」から始まります。相手に答えてもらう喜び、楽しさが、言葉を話そうとする意欲を引き出すのです。

## 言葉の理解は複雑

言葉を使いこなすには、相手の言うことを理解し、自分の考えを正確に言葉に置きかえなければなりません。単に「話せるかどうか」だけでなく、「理解しているか」などをトータルに見る必要があります。

**話す**

自分の考えを言葉で表現し、かつ、相手にわかるように話す力です。

**聞く**

相手の言葉を聞いて、その意味をつかむ力です。

### ●ダウン症では話すのが遅れやすい

ダウン症の子どもの多くは、言われていることは理解できるが、話すのが遅れがちです。音を聞き分ける力が弱いために、1音1音話すことができないためと考えられます。

### ●頭の中に言葉の仕組みができてくる

話すという行動に表れなくても、自分の中の考えをまとめたり、合理的な行動をとれるようになると、頭の中に言葉の仕組みができているサインです。「内言語」ともいいます。

### 言葉よりまず通じ合いを

コミュニケーションとは、言葉によるものだけではありません。たとえば、赤ちゃんが声を出したときに「どうしたの？」と声をかける、こうしたキャッチボールが、赤ちゃんのコミュニケーションの感覚をはぐくみます。

ダウン症では、言葉が出るまでに少し時間がかかる子どももいます。言われることはわかるのに、自分では話すことができないときには、無理に言葉で言わせようとしてはいけません。

子どもの様子や表情、身ぶりなどから、子どもの言いたいことを読みとって、「〜なの？」と言葉で確認してあげましょう。

## 泣き声やかたこと言葉からコミュニケーションが始まる

泣き声や「アー、バー」という声もすべて赤ちゃんからのサインです。ていねいに答え、話しかけて赤ちゃんの反応を引き出すのが、最初のコミュニケーションです。

発信
泣き声
アー、クー、ダーダーなどの発声
応答
どうしたの？
お母さんですよ！

赤ちゃんは、さまざまな声や音を使って自分を表現する

赤ちゃんの声に応えたり、まねをして遊ぶことが、赤ちゃんのコミュニケーションの感覚をはぐくむ

### コミュニケーションの成立

「発信」と「応答」のキャッチボールは、最初のコミュニケーションです。この時期は、お母さんがいろいろな声音で話しかけて、赤ちゃんの声のレパートリーを増やすなど、工夫してコミュニケーションを楽しみましょう。

### ●指示遊びを楽しむ

赤ちゃんに声をかけたり、「あれを見て」と人形を指さすなど、遊びを通じて、こちらの指示を理解させましょう。手を差し伸べながら「ちょうだい」と言うなど、少しずつ目的のあるコミュニケーションをとれるようにします。

ちょうだい
ありがとう

最初は、赤ちゃんの腕に手をそえて、渡す動作を補助する。また、「ちょうだい」のジェスチャーを少しずつ少なくし、最終的には言葉だけでわかるように練習する

もらったら必ずお礼を言って

### ●少しずつ選択肢を増やす

赤ちゃんがものの名前を覚えてきたら、選択肢を増やします。赤ちゃんの目の前にコップとボールを置いて「コップちょうだい」と言って、コップを渡してもらいます。最初はコップを指さしながら言うなど、段階的に進めましょう。

言葉の練習②

# 言葉の意味、つながりを考える

**言葉は、自分が見たものや経験と結びついていることほどよく覚えられるものです。言葉を「教える」だけでなく、生活から言葉が増えるように「待つ」ことも忘れずに。**

## 正しく使えるよう、ゆっくりと教える

子どもが言葉を話したときには、まずそれを聞き、「○○したいの？」など、少し言葉を補ってコミュニケーションをとりましょう。

言葉の力は、単なる語彙《ごい》力の問題ではありません。単語の反復練習をさせたり、子どもが間違えたときに「違うでしょ」と言ったり、言い直しさせると、子どもの話す意欲をそいでしまいます。

ダウン症の子どもは話すのが苦手なので心配する人も多いのですが、理解できる言葉が増えれば、話す言葉も自然と増えていきます。

言葉は生活と密着したものですから、気長にゆっくり待つことも大切です。

## 言葉のいろいろな側面を学ぶ

**言葉の数が増えるのは、それだけものとものを識別しているサインです。赤ちゃんがものを指さして名前を言ったときに、言葉で補って答えると、赤ちゃんは言葉とものの関係を少しずつ学びます。**

「パー」など、必ずしも完全に言えていなくても、赤ちゃんの言いたいことをくんであげよう

### 本人を指さして言う

お父さんを指さして言うときには、「そうね、パパね」と励ましたり、本人が答えましょう。

### 所有物を指さして言う

パパという言葉と、そのものの関係を教えます。

### 他人を指さして言う

「パパじゃなくておじいちゃんよ」と言ったり、本人に「おじいちゃんだよ」と答えてもらいましょう。こうした間違いも、「男の人には、パパとパパではない人がいる」と学ぶ大切な機会です。

使うカードは、最初は簡単なものから、徐々にむずかしくする。文字なら「い」「く」など単純な形から始め「む」「み」などはあとにまわす

## カードやカルタを活用する

**カード遊びは、言葉の練習の強い味方です。文字と音の関係を学んだり、描かれている情景を言葉で表現する絶好の教材です。**

カードは市販もされているが、自分でも簡単につくれる。色紙を使って遊びの雰囲気を出すなど、楽しんでできる工夫を

### ①「い」はどれ?

最初は、ひらがなが1字書かれているカードから、正しいものを選ばせます。単に文字を覚えるだけでなく、1つの音に1つの文字が対応していると気づくことで、1つひとつの音を区切って、明瞭に発音できるようになるなど、さまざまな効果が期待できます。

### ②「○○しているのはどれ?」

3歳くらいになって言葉が増えてきたら、情景のカードを使って「○○しているカードはどれ?」と聞きます。わからない場合は、言葉と同時にその動作をして、理解をうながします。

### ③「これは何をしているところかな?」

話す力がついてきたら、カードに描いてある状況を聞いてみます。「何を食べているの?」など、少しずつ聞いてみると「〜だから」と答える力がつきます。

### ④「このあとどうなるかな?」

何枚かのカードを用意して、「ちゃんと並べるとどんなお話になるかな?」と聞きます。筋道を立てて考える練習になります。順番が間違っていたら、「違うでしょ」と否定せず「どうしてこうなるのかな?」と聞きながら、訂正していきましょう。

## 文字の練習

# 「えがく」ことから始めよう

**文字を書くには、かなり手先を器用に使わなければなりません。いきなり文字を書く練習はせず、丸や直線を書く練習から始め、「えがく」ことに慣れさせましょう。**

### クレヨンや鉛筆で書くことに慣れる

文字の練習は、言葉の練習が十分に進み、かつ、手先が器用に使えるようになってから始めても遅くありません。

小さな子どもは、自由に手をコントロールすることができません。あせって文字を書く練習をさせるよりも、最初はクレヨンや鉛筆で自由に書くことから始めます。

クレヨンや鉛筆を使うことに慣れたら、お母さんが書いた線を上からなぞる「なぞり遊び」で、徐々に細かい線を書く練習を重ねていきましょう。

包装紙の裏などを活用して、大きなスペースでのびのびと遊ばせてあげましょう。

### 楽しみながらえがく

ものを書くときには、手先の運動と「何を書くか」という認知と、両方の力が必要です。まずは書くことを遊びとして、書くことになれさせましょう。

### 書く練習から始める

クレヨンや鉛筆を握って、自由に書けるように練習します。大きな紙を広げて、好きなように書けるスペースをつくってあげましょう。

鉛筆やクレヨンを活用して楽しさをアップしよう

### 話しながら書く

「へのへのもへじ」などの文字遊びもよいですし、「くうるり、くるりでマルふたつ～」など、自作の描き歌を作ってもよいでしょう。書く楽しさを引き出してください。

### なぞり書き

大人が鉛筆で引いた線をなぞったり、点と点を結ぶなどの遊びは、図を書いたり文字を書くための基本練習になります。

## 補完しあって上達する

話しながら書く、聞きながら書くことで、言葉の力は発達します。

### 聞く

話を聞いて理解するだけでなく、聞きながら文字に書き出したりすることで、音と文字の関係がよりはっきり理解できるようになります。

### 文字を書く、読む

文字が書けるようになると、まとまった文章を書き写したりする練習を通じて、正しい文法や言葉の使い方が身につき、話し言葉も正確になってきます。

### 話す

ダウン症の子どもは、口の中の容積に対して舌が大きい、聴覚認知が弱いなどで発音が不明瞭になりがちですが、文字を1つひとつ読むことで、はっきりした発音が身につきます。

言葉の理解がある程度進んだら、絵本を読んであげよう。抑揚をつけて読むと、絵のイメージがふくらむ

## 身ぶりを言葉として使う「サイン言語」

コミュニケーションをよりスムーズにするために、身ぶりを言葉の一部として使う場合もあります。こうした身ぶりを「サイン言語」と呼びます。

サイン言語には、「どのサインが何を表す」といった決まりはありません。日ごろよく使う事柄を表すサインを家族で自由に決めて使ってかまいません。なお、サイン言語を使うときには、必ずその内容を言葉でも伝えるようにしましょう。

身ぶりに頼りすぎず、言葉と併用して少しずつ話し言葉へと導いて

## 全身の協調を高める

# 遊び感覚で全身を動かす

一人で歩けるようになったら、外で遊ぶ習慣をつけたいものです。公園で遊んだり、散歩で坂道や階段の上り下りをするなど、工夫次第で運動の機会を増やせます。

### 楽しく続けよう

運動といっても、体を鍛えるためではありません。楽しく、子どもが続けられる工夫も必要です。

### 1. 体の動きを高める

速く歩いたり走ったりするのももちろんですが、リズムをとったり、細い線の上や8の字状に歩くなど、細やかな動きを取り入れて遊びましょう。

#### ●音楽に合わせて体を動かす

テンポのとりやすい音楽に合わせて踊りましょう。ゆっくりな曲、速い曲など、好みや体力に合わせて楽しんでください。

曲に合わせて追いかけっこをするなど工夫次第で遊びは広がる
つま先立ちをしたり、かかとだけで歩くなど、ふだんとは違う動きも取り入れて


### 遊びが体を丈夫にする

体の発達が遅かったり、感染症にかかりやすかったりと、乳児期には健康管理に何かと気を使うためか、どうしても過保護にしがちな人も多いものです。

しかし、三歳ごろになって活発になってきたら、どんどん外で遊ばせて、体を動かす習慣をつけてください。さまざまな運動や遊びを通じて、子どもは自分の体をコントロールし、バランスをとる力を養います。

日ごろの運動の様子を見て、子どもに苦手な動きがあるようなら、その動きを遊びのなかに取り入れて、少しずつできるようにしてあげましょう。

## 2.器具を使う

公園にあるすべり台やブランコ、ボールなどの道具を使うと、体の動かし方のバラエティが豊かになります。ただし、最初はこわがってなかなかできないこともあります。無理強いせず、あきらめず、慣れるまでいっしょにやってください。

### ●公園で遊ぶ

公園は、遊具を使うだけでなく、同年代の子どもと遊ぶ大切な場です。遊具の順番を待つなどの社会性を身につける機会も増えます。そのぶんけんかも多くなりますが、あまり介入しすぎないようにしましょう。

遊びはコミュニケーションの機会にもなる

どうしても膝をついてはってしまう場合は、子どもを挟んでお母さんとお父さんが一列になって遊ぶとよい

### ●動きのバラエティを増やす

柵なども利用して、ふだんとは違う動きを工夫しましょう。特に膝を曲げるのを嫌がる場合には、くぐり抜け遊びがオススメです。お母さんがしゃがんで上体をかがめ、お手本を見せましょう。

### ●ボール投げや階段遊び

キャッチボールやジャンプ、階段の上り下りも大切な運動です。近くに段差の小さな階段がなければ、電話帳を積み重ねて階段をつくるなど工夫してください。

数を覚える

# 数と量の感覚をともに身につけさせる

数の概念は、根気強く教えるとともに、日々のちょっとした機会をとらえて意識させましょう。ただし、いつから学習を始めるかは、発達の程度を見て決めてください。無理強いは禁物です。

## 多方向から数を意識させる

ものを数えるときに、言葉や実物、数字などで複合的に示します。ただし、実物は、あまり大きさが異なったりしていると混乱の元です。大きさや形状がそろっているほうがわかりやすいでしょう。

言葉とともに指で示すのもよい

### ●言葉で言う
### ●数の呼び方は統一する

数の呼び方は、家族で統一しましょう。特に、4は「よん」、7は「なな」のほうがわかりやすいようです。また、「個」や「匹」などの単位は、最初はあまりこだわらなくてよいでしょう。

### ●実物を見せる

数を言いながら実物を見せたり、数えたりすることはとても大切です。また「たくさんのなかから、必要な数だけ取り出す」なども数の理解には欠かせません。

### ●記号で示す

3個のりんごを見て「さん」と言えるとともに、「さん」という言葉で「3」がわかることも必要です。文字を学ぶのと同じ要領で、根気強く教えましょう。

### ●遊びながら数える

ビーズ通しで通したビーズを数えたり、ビー玉、おはじきやつみ木など、それぞれ形状が似ているものを使う遊びの時に、片付けをしながら数えるなど、遊びに数字を取り入れます。

## 生活のなかで数を使う

お母さんが数える姿を見たり、いっしょにやることで、自然に数の感覚が身につきます。「教えよう」と気負わず、気長に繰り返しやるのがコツです。



### ●お手伝いをさせる

数えられるようになったら、お手伝いは、一人で数える絶好の練習になります。

### ●逆から数える機会をつくる

日ごろの生活では、徐々に増やす数え方をする機会のほうが多くなるので、「減る」数え方も覚えさせましょう。

### 言葉としての数と量としての数

数は、単に「いち、に……」と言葉で覚えるだけではなく、数の概念といっしょに覚えなくてはなりません。一個は一個で二個より少ない……大人にとっては当然のことでも、最初に学ぶ子どもにとってはややこしいことです。

最初は、「一個ちょうだい」などのやりとり遊びから始め、少しずつ数を増やしていきましょう。また、「イチ」「一個」「1」が同じことを指すとわかるように、数字のカードなども活用しましょう。

### 生活のなかで数字を使う

数の概念は、生活に欠かせないものです。言い換えれば、生活のなかで数字を使う機会はたくさんあるということです。

お手伝いや遊びのなかで、数を実際の個数として実感する機会をつくって、感覚として身につけるのが理想的です。

遊びの育ち

# 遊びを通じて想像力を伸ばす

子どもにとって、新しい遊びをすることは発達の一つのステップになります。ときには大人が遊びを提案して、子どもに新たなチャレンジをさせましょう。

## 遊びも成長する

発達の程度によって、子どものできる遊び、好む遊びは異なります。子どもの遊びを見ていると、思わぬ成長のサインをつかめます。

お母さんのまねをして遊んだり、「いないいないばあ」など、対面の遊びを好む

### ① 体を使った遊び

ガラガラを振って音を出したり、ものをつまんだり落としたりするのも、赤ちゃんにとっては立派な遊びです。1歳ごろには、お母さんのまねをしたり「おつむてんてん」などの人との協調遊びを楽しむようになります。

### ② ものを使った遊び

身の回りのものに興味をもつだけでなく、それを使って遊ぶようになります。特別なものでなくても、身近なものをおもちゃにしてよく遊びます。たたいて音を出すなど、子どもなりに工夫します。

ビーズ通しは、ものをつまむ、左右の手を協調させて動かすなど、小さな子どもには難度の高い遊びとなる

●つみ木やブロック
●ビーズ　●ねん土　など

### ●手の動きなど、より細かな運動が発達する

小さなものをつまむなど、指先の動きが上手になるので、この時期に指先を使う遊びをどんどんさせたいところです。ビー玉とペッグボード、子ども用の大きなビーズなどの市販のおもちゃもあります。

## 遊びは子どもといっしょに育つ

遊びは、子どもにとって工夫とチャレンジの場です。また、ほかの人と協力したり、競争する楽しみも、子どもの世界を豊かにします。体の発達に合わせて、子どもが楽しめる遊びを工夫して、いっしょに新しい遊びを見つけていってください。

## 想像力をかき立てるごっこ遊び

幼児期には、人形遊びやままごとを楽しむようになります。ごっこや見立て遊びを楽しむには、現実とは違う世界を認識したり、役割分担など、じつはけっこう複雑な認知が必要になってきます。

最初は子どもだけでは上手にごっこの世界に入れない場合もあります。そのときには、いっしょに遊んで「これが××ね」「○○ちゃん、これきざんでくれる?」など、きっかけをつくってあげましょう。

子どもだけでは、最初は単調な繰り返しになりがち。大人がいっしょにやってお手本を示そう

### ③ 想像力を使う遊び

ままごとやごっこ遊び、人形遊びは、現実とは違う世界を想像する力が必要です。こうした遊びが楽しめるようになると、ものごとの手順、人の役割分担などが身についてきたサインです。

**●実際にはないものを想像する**

料理をするフリや、食べるフリなど、その場にはないものを想像して遊びます。相手が何をしているかを考える力も必要です。

**●ものの手順をシミュレーションできる**

料理の作り方、食べ方などの日常動作を再現して遊びます。こうした動作が身についていないと、遊びのなかの動作パターンが広がりません。

**●自分や相手の役割を想定する**

実際の人間関係ではなく、相手の役割を理解して遊ぶことができるのは、相手によってとるべき行動が違うことを理解しているということです。

COLUMN

# 性教育はいつ、どうやって？

学校で指導が進んでいる場合は、家ではあまりうるさく言わず、子どものプライバシーを尊重することも必要

## 否定したり、先延ばしにしない

一二歳ごろに第二次性徴を迎え、徐々に異性への関心が芽生えてきます。身だしなみに気を使うようになったり、クラスの異性を意識したりといった行動が出てきます。

この時期、性についてどのように指導するかは、親にとってむずかしい問題です。

つい先延ばしにしたり、見て見ぬフリをしがちです。また、指導といっても、「これはしちゃダメ」とただ禁止するにとどまることが多いようです。

## 知識として教育すべきと考えて

性に関することはだれにでも訪れる問題です。禁止したりするよりも、正しい対処法、その場その場でふさわしい行動をとることや向き合い方を教えなくてはなりません。

たとえば、「人の嫌がることはしない」といった初歩的なことでもよいでしょう。また、「自慰行為は人前ではしない」「汚れたものは自分で始末する」などふみ込んだ内容もときには必要でしょう。いずれにしても、対処法をルールとして明確に示し、守らせることが必要です。

また、女の子なら月経の対処の指導も欠かせません。

性に関する指導は、学校でもおこなわれます。学校でどのような指導がなされているのかを知っておくと、家での指導もやりやすくなります。困ったことがあれば、担任の先生に相談するのもよいでしょう。

# 3

# 家庭でできること

トイレや食事、着替えなど、家庭では基本的な生活習慣を
しっかり身につけることが大切です。
毎日の暮らしのなかでちょっと工夫して、
子どもにわかりやすく教えてあげましょう。

育ちの目安

# 「年齢」だけではなく「適齢」と「発達程度」を見る

**離乳食やトイレのしつけには「しつけの適切な時期」があります。ダウン症の子どもも、適切な時期をとらえてトレーニングを開始します。**

## あせらず、「しどき」を見極める

離乳食の開始時期や、トイレトレーニングをいつおこなうかは、多くの親が悩むことです。

特に、トイレトレーニングや食事などの「自立訓練」は開始時の見極めがむずかしいもの。始めるのが早すぎると負担になりますが、遅すぎると身につけるまでにかえって時間がかかります。

個人差もありますが、離乳食は六～一〇ヵ月ごろから、トイレトレーニングは二歳ごろから始めるのが一般的です。

また、赤ちゃんのころからメリハリのある生活を送り、体のリズムを身につけておくことも欠かせません。

### タイミングとペースを決める

発達のペースは最終的には赤ちゃん任せの部分がありますが、「いつ、どんな働きかけをするか」には、ある程度適したタイミングがあります。赤ちゃんの状態を見て、好機を逃さないようにするのが理想的です。

**適齢**

自立の訓練は、あまり遅すぎるとマスターするのがむずかしくなります。

●離乳食
●トイレトレーニングなど

**発達程度**

赤ちゃん体操や、早期療育は、赤ちゃんの発達の目安になります。

●トレーニングの内容の見直しとステップアップ

授乳中、おなかがいっぱいになると寝てしまうこともしばしば

## 心がけたい3つのリズム

生まれて間もなくの赤ちゃんは、自分のリズムで生活しています。ダウン症の赤ちゃんはとてもおとなしいので、ともすると生活のリズムを身につける機会を逃しがちです。赤ちゃんの生活にも、メリハリは欠かせません。

### ①眠りと覚醒

生後3ヵ月ほどすると、赤ちゃんは昼と夜のリズムを徐々に身につけます。睡眠中は、成長や活動に必要な体の準備が進むので、規則正しく、十分な睡眠がとれるサイクルを身につけさせることが重要です。

満腹感は、眠りの重要な要素

### ②満腹と空腹

おなかが空く、満腹、こうした感覚は脳でコントロールされています。体が発達してくると、1回に飲める乳の量が増え、また、脳にもリズムができて、食事（授乳）のペースが確立してきます。

活動が空腹を誘う

充実した活動には、眠り（休息）が欠かせない

### ③活動と休息

活動によって、赤ちゃんは脳と体を連携させる練習をし、新しい刺激を受け、好奇心を満たします。活動は赤ちゃんの発達に欠かせませんが、一方でたいへん疲れることでもあります。そこで、充実した活動のためには、十分な休息を確保しなければなりません。

活動は体の発達と、周囲とのコミュニケーションをうながすチャンス

始める前に

# 「やらなきゃ」と思うとみんながつらい

生活動作は、日々繰り返して身につけるものですが、生活が訓練になってしまっては息がつまります。「できる」ばかりにとらわれず、「毎日続ける」ことを目指します。

## 一点集中の悪循環に注意する

できるようにしてあげたい、と思うのは親心です。しかし、思い込むとしばしば、子どもには負担になります。また、親にとってもそれがストレスのもとになりかねません。

### やりきれなさ、もどかしさ

期待や意欲が、時にやりきれなさや無力感につながります。親にも、続けられる程度の「ゆるさ」が必要です。

### 1つのこと、1つずつにこだわりがち

着替えやトイレ、日常動作は並行して練習するぶん、その進歩はゆっくりです。しかし、練習しているとつい、1つの動作ができるようになることにこだわって、「今日もダメか」と考えてしまいます。

### 生活が訓練になりがち

練習に失敗はつきものです。ところが、結果にこだわると、失敗をしかったり、やり直しさせるなど、生活ではなく「訓練」になってしまいます。

### 不安・反感

できた！　楽しい！　という手ごたえがないと、やる気も出ないし、不安感や反感が強くなります。

### いつまでたっても干渉が終わらない

生活動作の練習は、自立した生活を送るためのものです。ところが、練習ばかりでは、結局親の干渉から離れられないという矛盾した状態になってしまいます。

## 日常生活だからこそ楽しく

食事や服の着替え、トイレトレーニングなど、毎日のことは、少しずつ練習を重ねていく必要があります。

しかし、毎日が訓練と考えるとたいへんです。「できる」「できない」にこだわりすぎると、生活の潤いが損なわれかねません。

日常生活のことだからこそ、ゆっくり、確実に身につけることが大切です。できるようになる楽しさ、手ごたえを子どもに感じさせてください。

「今日はこれができたね」と成果を認め、できなければ「明日があるさ」と考えましょう。

## 長い目で見る

年齢に応じて、求められる内容は変わります。

青年期、成人後のことも視野に入れて、そのために今日すべきことに取り組んでください。



たとえば……

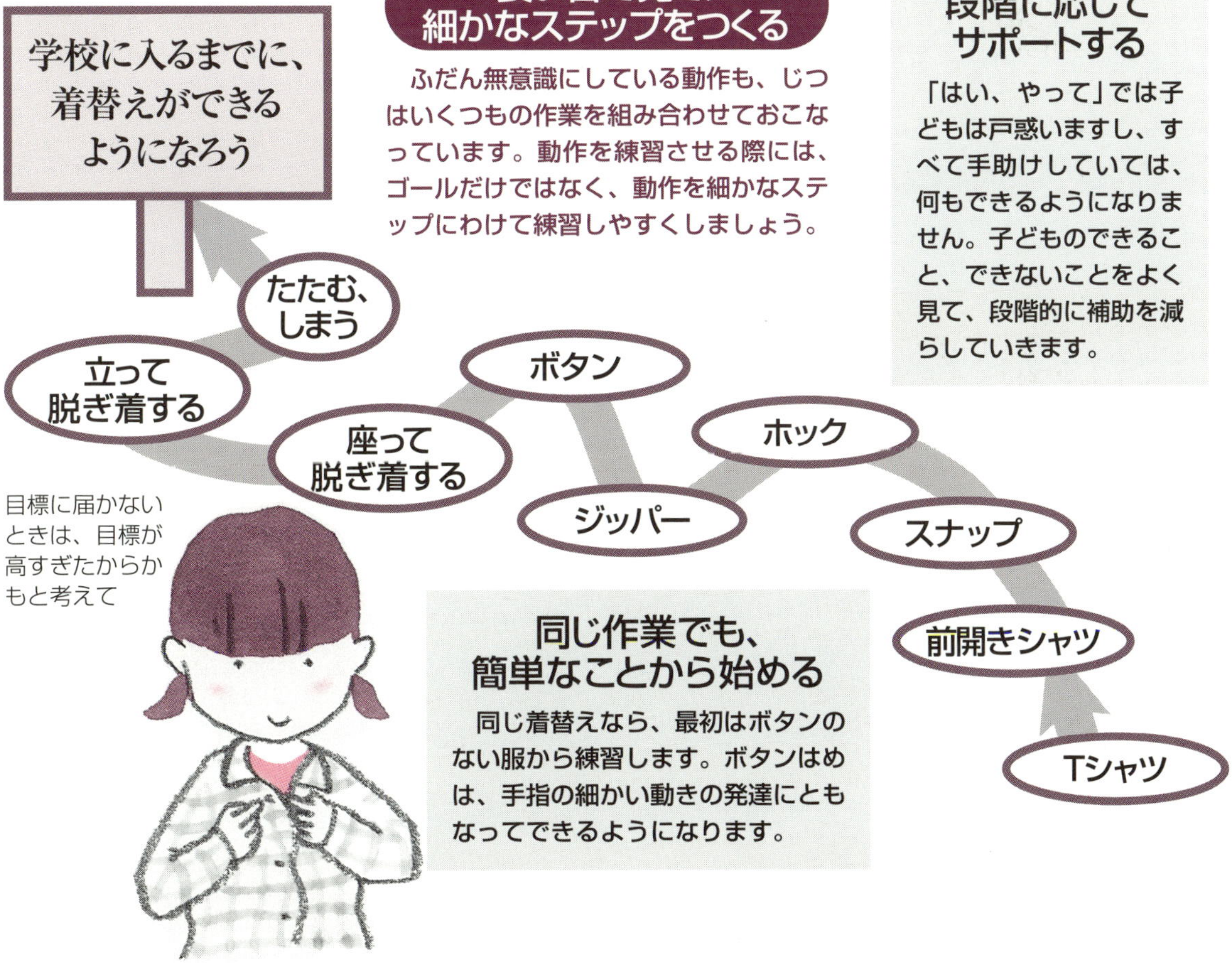
学校に入るまでに、着替えができるようになろう
たたむ、しまう
立って脱ぎ着する
座って脱ぎ着する
ボタン
ジッパー
ホック
スナップ
前開きシャツ
Tシャツ
目標に届かないときは、目標が高すぎたからかもと考えて

### 長い目で見て、細かなステップをつくる

ふだん無意識にしている動作も、じつはいくつもの作業を組み合わせておこなっています。動作を練習させる際には、ゴールだけではなく、動作を細かなステップにわけて練習しやすくしましょう。

### 段階に応じてサポートする

「はい、やって」では子どもは戸惑いますし、すべて手助けしていては、何もできるようになりません。子どものできること、できないことをよく見て、段階的に補助を減らしていきます。

### 同じ作業でも、簡単なことから始める

同じ着替えなら、最初はボタンのない服から練習します。ボタンはめは、手指の細かい動きの発達にともなってできるようになります。

語りかけ

# 反応がないなら引き出す工夫を

**赤ちゃんに話しかけたり、頰にチュッとキスしたり、赤ちゃんとの自然なふれ合いの時間をもつようにしましょう。**

## 赤ちゃんの3大特徴

**ダウン症の赤ちゃんについて、お母さん、お父さんがいだく感想・不安は大きく分けて3つです。**

おとなしい
よく寝る
動かない
なかなか
反応しない

赤ちゃんに合わせた方法で働きかけるのを忘れずに

### ちゃんとキャッチしています

おとなしくても、こちらが赤ちゃんに合った方法で働きかければ、ちゃんと反応してきます。おとなしいことと、反応がないのは違います。

### まだ動きがヘタなのです

よく寝たり、動きが少ないのは、まだ睡眠と覚醒のリズムができていないことと、筋肉の力が弱いことなどが関係しています。動きが少ないなら、動かしてあげましょう。

### わかるように働きかけてあげましょう

赤ちゃんにわかる方法で働きかければ、必ず反応はあります。芸人になったくらいの気持ちで、あやしたり話しかけてみてください。

### 赤ちゃんをびっくりさせるくらいの気持ちで

「反応がないのはわかっていないからではないか」と思う人も多いのですが、決してそんなことはありません。その赤ちゃんに合った方法があるものです。

オムツを替えるときや、遊ぶときによく赤ちゃんの体を動かしたり、「〇〇ちゃん」と呼びかけるときにやや大きめの声にするなど、いろいろ試してよい方法を工夫してください。

赤ちゃんをびっくりさせるくらいの気持ちで、積極的にかかわっていきましょう。

赤ちゃんをかわいいと感じる愛情をいっぱい注いで、赤ちゃんとたくさんふれ合ってください。

## 反応させる工夫のポイント

赤ちゃんが反応しないと思わずに、「反応させるにはどうすればいいのかな？」と考えて、いろいろ試してみましょう。きっと、赤ちゃんの好みが見つかるはずです。

### いろいろな刺激で注意を引く

名前を呼ぶだけでなく、お母さんの顔の近くでガラガラを振るなど、いろいろな刺激を与えます。

また、生活のなかでいろいろな音を聞かせましょう。

- テレビの音
- 音楽
- 家族同士の話し声
- 生活音　など

### 赤ちゃんの目線の合うところにいく

赤ちゃんと目線を合わせるのはコミュニケーションの第一歩です。もし、赤ちゃんが呼んでもなかなかふり向かない場合には、自分で目線の合うところに移動します。

### よく動かしたり、ふれ合う

赤ちゃんが大きな声で笑ったり、うれしそうな表情をするような楽しい遊びをやってあげましょう。

「高い高い」や「いないいないばあ」などもどんどんやりましょう。

### ふれ合いが親の気持ちを動かす

ダウン症の診断を聞いて間もないころは、親がなかなか子どもに向き合えないこともあります。

しかし、この時期にあえて積極的に赤ちゃんとふれ合うことで、あるがままの赤ちゃんを見る気持ちが出てきます。この時期のふれ合いは、赤ちゃんだけでなく、お母さん、お父さんにとっても大切なのです。

食事

# 楽しく、正しく食べる練習を重ねる

ただでさえ、小さな子どもの食事の練習はたいへんです。しかし、食事は体づくりの基礎です。いろいろなものをしっかり食べるよう、工夫して取り組みましょう。

## 根気よく取り組んで

ダウン症の赤ちゃんは、母乳やミルクの飲みが悪く、ともすると離乳食の開始が遅れたり、離乳食にしても、流動食や子どもの好きなものばかりを与えるケースが見られます。

食事のトレーニングは、単に離乳食から普通食への切り替えだけではありません。自分の力で、何でも食べられるように練習することこそが大切です。

特に、ダウン症の子どもはものをかまずに飲み込む傾向があります。好きなもの、食べやすいものばかりを与えず、いろいろな食材を工夫して、かんで食べるよう導いてください。

## 規則正しく、無理なく食べる

ダウン症の赤ちゃんは、一般にあまりたくさん食べません。しかし、「ひと口でも多く」と好きなものばかり与えたり、「食べるまで食卓から離さない」などの強制はいけません。

### 食べる楽しさを第一に、できる楽しさを第二に

「食べさせる」ことばかりにこだわらず、自分で食べる楽しさを感じさせましょう。マナーなどの「しつけ」も大切ですが、食事の雰囲気を損なわないようにくれぐれも気をつけてください。

### 声がけを続ける

「いただきます」などの声がけは、周囲の人がやっていると、子どもがまねをして自然に身につくこともよくあります。

### 自分で食べるよう励ます

手先の運動ができるようになったら、少しずつ自分で食べるように励ましましょう。

2〜3〜4歳

手に持たせたものを食べる
↓
自分で持って食べる
↓
スプーンやフォークを使う
↓
はしを使う練習をする

## 食事に関するQ&A

### Q よくかんでくれません。

**A** 上下のあごを協調させるのがむずかしく、かむのが苦手な子どもが多いようです。すりつぶした食べ物の中に、少し固いものを混ぜるなど工夫したり、口を閉じて食べることを教えましょう。

**●手本を見せる**
かむ手本を見せたり、「もぐもぐ」と子どもが食べるときに声をかけてかむことをうながす

もぐもぐ、
ごっくんよ

### Q スプーンを舌で押し出してしまいます。

**A** ダウン症の赤ちゃんは舌が少し大きいので、反射的に舌が出てしまうことがあります。最初は「食べさせる」というより「スプーンに慣れさせる」気持ちで始めます。

あーんしてね

**●声がけする**
「はい、あーん」と声をかけて口を大きく開けてみせるなど、やり方を示す

**●くちびるにそって差し入れる**
いきなりスプーンを入れると赤ちゃんもびっくりする。口角にスプーンを当てて、くちびるにそってスプーンを差し入れる

### Q 同じものしか食べません。

**A** 一度食べなくても、2～3日たってからもう一度あげるとすんなり食べることもあります。調理法や味つけを変えるのも効果があります。1回であきらめず、根気よく付き合いましょう。

おいしいね！

**●楽しいとおいしく感じる**
親がおいしそうに食べて見せたり、子どもが食べたらほめるなど、食べると楽しいと感じさせよう。また、家族みんなが好き嫌いをしないことも大切

自立への一歩①

# 「いっしょにやろう」から始める

**食事、着替え、トイレなどの生活に必要な行動が、一人で、適切におこなえることが、子どもの自立への第一歩です。少しずつ繰り返し教え、適度に手を差し伸べましょう。**

## 失敗は成功のタネと考えて

食事やトイレ、着替えなどの生活動作をどうやって教えるか、親はみな悩むようです。

こうした動作の教え方に、「こうすべき」という決まりはありません。かまいすぎては自分でやる意欲を失わせ、ほうっておいてはなかなか身につきません。

子どもがやりたがったら、失敗することを恐れてやらせないより、失敗してもやったほうがよいことはたくさんあります。子どもは、失敗からもまた学びます。

時間も手間もかかりますが、「いっしょにやろう」の精神で、繰り返しチャレンジさせ、子どもの成長を見守ってください。

## 自立訓練は早すぎず、遅すぎず

食事やトイレトレーニングを開始する時期が遅すぎると、一度身につけたパターンをやめさせなければならないため、余計に時間がかかります。始めどきは、子どもの様子を見て、少し早めから、少しずつ準備していくとよいでしょう。

### 専門家のアドバイス

ダウン症の子どものトレーニングの開始時期は、親が思っているよりも早いことがよくあります。療育機関など、子どもの発達を把握している専門家に相談するとよいでしょう。

＋

### 親の観察

「食事のあと、どのくらいで排泄するか」など、子どもの排泄のサイクルを知ることからトレーニングが始まります。子どもの様子をよく見ることが重要になってきます。

↓

### 何から始めるか

子どもが好きなことや、発達の早い部分から始めるとスムーズに進みます。

### いつから始めるか

始める時期を、どのように見極めるかも知っておきましょう。

## 3原則を忘れずに

子どもは最初は覚えるのに時間がかかります。1歩進んで2歩下がるようなときもあります。この3原則を忘れずに、気長に付き合いましょう。

### 1. 繰り返し

とにかく、何度も繰り返すことです。だれでも最初は失敗するものです。失敗してもしからず、うまくいったときには大いにほめてください。

特にトイレトレーニングは、最初は当たるも当たらぬも……。うまくいったら、お母さんは自分もほめて

### 2. 1歩ずつ

練習のステップは小刻みに、着実に進めるよう設定します。漠然とした目標を半年かけて達成するより、こまめなステップを1ヵ月ほどでクリアしていくほうが、教えるほうも、教わるほうもわかりやすいものです。

ステップを上がることは補助を少なくすることでもある

### 3. いっしょにやる

日常の動作をいっしょにやるだけでも、子どもは見てまねをしたりします。教えようとする雰囲気を出しすぎずに子どもと接する時間をつくってください。

ちょっとした行動をいつの間にか見ていることも多い

### 声がけも忘れずに

今していることや、次にすることを声で指示しましょう。ヒントが多いほうが助けになりますし、視覚と聴覚など、いろいろな感覚を使うほうがよりわかりやすくなります。

自立への一歩②

# 「お手伝い」は最初の社会勉強

たとえば、食器の出し入れひとつでも、「同じものを重ねる」「どれがだれのものか覚える」などを考えるきっかけとなります。お手伝いは子どもの経験を培《つちか》う、貴重な場となるのです。

## お手伝いも段階をふんで

少しずつ慣れさせるのはお手伝いも同じ。手伝ってもらうために、かえって教える手間がかかることも多々あります。ここでは、お買い物を例に見てみましょう。

### 最初はいっしょに行く

買うもののメモをつくるときに、いっしょに考えてもよいでしょう。とにかく、買い物に関することを、すべていっしょにやってみます。

### 役割分担をする

お母さんがカゴを持って、「○○をカゴに入れてくれる？」など、買い物の動作の一部を頼むことで、一連の流れを理解させます。

お金はサイフに入れて首からかけさせるなど、使いやすい工夫を

### 近くの棚にものを取りに行ってもらう

店に慣れたころに「○○を取ってきてくれる？」と頼みます。そっと遠くから様子を見て、ほかのことに気をとられたりしたら、「○○は？」と声をかけて軌道修正させます。

### 自分のものを自分で買う

ものを選んで、お金を払って品物を受け取るまでを、一人でやらせます。子どものおやつなど、好きなもので挑戦させるとよいでしょう。

### おつかいを頼む

自分で買う行動に十分に慣れたら、一人で買い物に行ってもらいます。ただし、買い物だけではなく交通のルールなども理解していることが必要です。

## 自分のことからみんなの手伝いへ

お手伝いをさせようと意気込まなくても、最初は自分の食器を自分で出す、服を脱いだらたたむなど、「自分のことをする」ことから始めましょう。

できることが増えてきたら、徐々にやってもらう範囲を広げます。その際には、こまぎれに作業をさせるのではなく、一連の流れを繰り返して、少しずつ覚えさせます。

また、目印にシールを使ったり、おやつを自分で買わせるなど、楽しくできる工夫をしましょう。

## 無限の練習法がある

お手伝いの内容は多岐にわたります。しかも、同じ買い物でも、日によっては買うもの、買う場所が異なります。

日常のちょっとした機会をとらえて、さまざまなことにチャレンジさせましょう。



### 最後までやる

お手伝いは、実際の作業をさせるかどうかは別にしても、最後までいっしょにやりましょう。

### 手順のヒントを出す

子どもがまよっているときには、「××しなさい」と教えるのではなく、「○○だったよね」と教えて、考えさせます。

### 整理も練習

買ったものを冷蔵庫に入れたり、整理するのもよい練習です。

### 次へつなげる

1つのお手伝いの作業が次につながることを教え、少しずつ、作業全体をできるようにしていきます。

今日は○○で××をつくろう
メニューを決めてから買い物に行くなど、「買い物→調理→あとかたづけ」の全体の流れをつかんでできるようにしていく
入れる場所に名前を書いておくなど、わかりやすくする工夫を
冷たいものはどうするんだっけ？

## 自立への一歩③

# 生活に合わせて、段階をふむ

家事などの練習は、最終的には大人として自分のことを一人でやれることを目指します。家事に限らず、自己管理も含めて、少しずつ「すべきこと」を身につけさせましょう。

### 成長によって目標は変わる

子どもの年齢によって、できること、すべきことは当然変わります。「今、身につけさせること」ばかりに目がいきがちですが、子どもの将来を見すえて、目標を設定してください。

**幼年期**

### 自分のこと（自立）

排泄や食事、着替えなど、自分の身の回りの動作を身につける時期です。

毎日コツコツと

**学童期**

### 身の回りの整理 家事の手伝い

学校の準備や部屋の掃除など、自分の生活環境を整えます。また、家事の手伝いも大切な役割です。

**青年期**

### 生活のための家事

食事や洗濯などの家事に限らず、金銭管理、通勤、通院などの生活に関すること全般を、できるだけ自分の力でできるようにします。

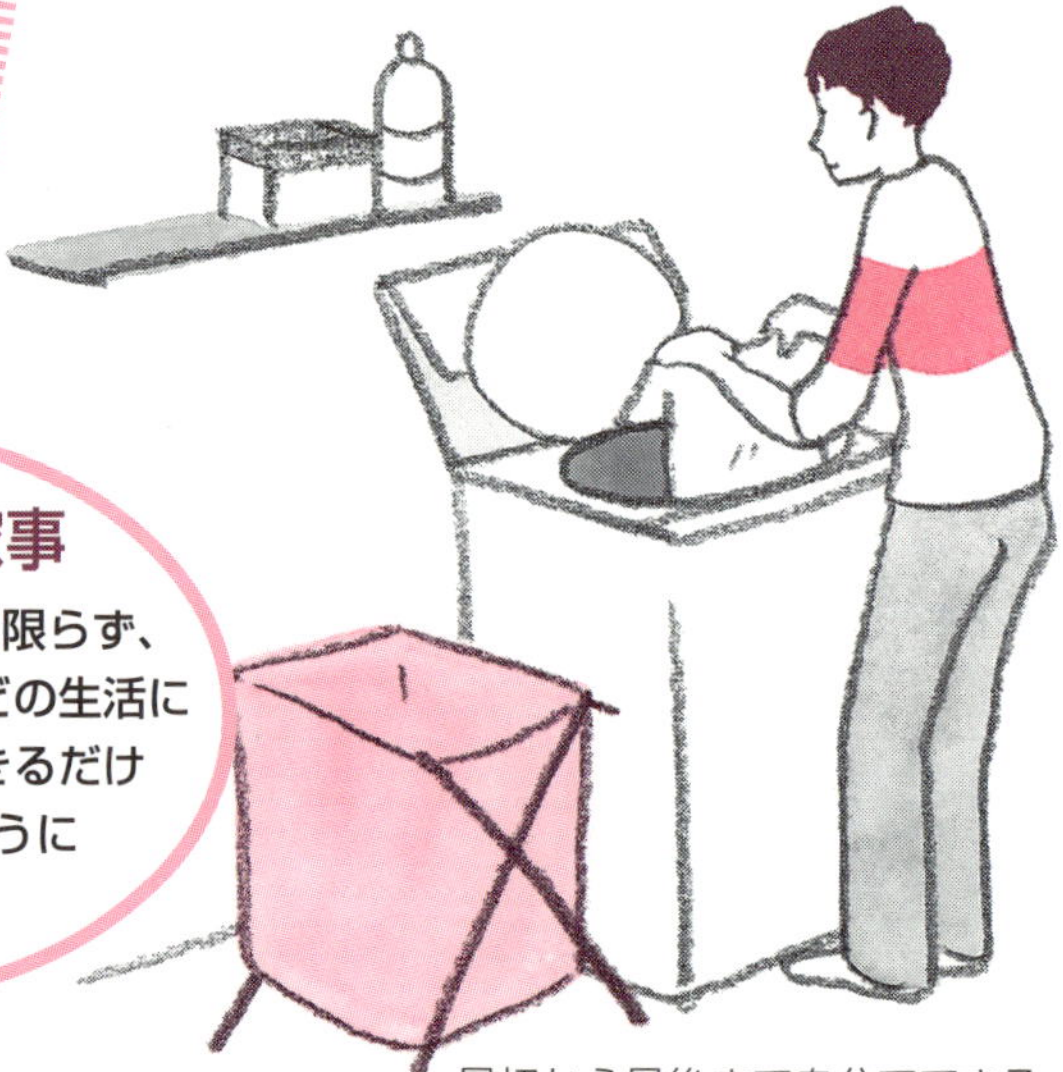

最初から最後まで自分でできるようにする

## すべきことを整理する

一時にすべてをしようとしてもうまくいきません。優先順位を決めたり、やり方を簡単にしたり、手順を書き出すなど工夫しましょう。

## 毎日続けられるペースで

昨日は全部完璧にできたけれど、今日はダメ、では意味がありません。すべてを一度にできなくてもかまいません。1週間、1ヵ月のスパンで見たときに過不足のないようにペース配分しましょう。

## できるだけ目的をはっきりさせる

ただ「家事ができるようになる」よりも、「一人でできるようになりたい」という気持ちや、きょうだいが自立している姿を見て「自分もああなりたい」と感じたり、「寮やグループホームに行きたい」などの目標があると、より意欲がわきます。

優先度の高いものからリストにしたり、目標をもって取り組むとよい

## やるべきことは少しずつ増やす

「学校を卒業したから、じゃあ全部やってね」ではうまくいきません。学童期からの積み重ねを活かしつつ、1つずつマスターしていきます。

この時期は、家族だけではなく職場の人や施設の職員などに協力してもらうのが理想的です。

### 続けられるかを目標に

子どもが成長するとともに、単なる「お手伝い」から、自分で主体的に家事を進められるように、期待される役割は変わります。

就労やグループホームでの生活などの選択肢が増えつつある現在、将来的な自立を考えても、自分で身の回りのことをできるようになることが欠かせません。

こうした家事動作は、完璧にできることよりも、毎日自分で続けられるかどうかが重要になってきます。

### 生活に関連する動作をよく見直して

成人してからの自立を考えると、家事だけではなく、通勤や通学、医療機関の受診、金銭管理など、身につけるべきことは意外とたくさんあります。

優先度の高いものを決めて、少しずつ一人でできることを増やしましょう。

楽しみを見つける

# 趣味、余暇の過ごし方も考えたい

趣味をもち、余暇を楽しく過ごすことは、人生を豊かにします。自分の好きなことを楽しむ時間をもてるよう、うながすことも必要です。

## 「趣味をつくろう」と思うと意外にむずかしい

近年、少しずつですがダウン症の人が働いたり、社会とかかわりをもって生活する場が増えてきています。

ところが、ダウン症の人が「余暇をいかに過ごすか」については、まだまだ目が向けられていません。

自分の自由な時間をどのように過ごすかは、その人の生活の質に大きくかかわることです。

趣味は、いざ「やろう」となると意外に何をしてよいか迷うものです。趣味を楽しんだり、仲間と集う場所や機会をつくり、さらにはその選択肢を増やすことが、今後の大きな課題となってきているのです。

## 楽しむ習慣をつくる

生活のなかで自分の好きなことをする時間があると、ストレス解消にもなりますし、生活の潤いが増します。特別なことではなくても、そうした時間をもつように心がけることが大切です。

### 自分で

- ●音楽を聞く
- ●本を読む
- ●絵を描く

ふだんは音楽を聞いたり、本を読むなど、家で過ごす人が多いようです。

音楽を聞くほか、日記をつけたり、気に入った文章を写すなどの趣味も多い

## 仲間や友人と

### ●習いごとやサークルを利用する

子どものころからの習いごとを大人になっても続けていたり、地域のサークルに参加する人もいます。最近では、親の会が趣味の場を提供するなど、少しずつ活動の輪が広がりつつあります。

## 家族と

### ●カラオケに行く
### ●レジャーや旅行を楽しむ

家族と家で過ごすほか、音楽の趣味を活かしてカラオケに行くのが好きな人もいます。レジャーや旅行を楽しむ人もいますが、家族以外の人と行く機会はそう多くはないのが現状です。

### ●いろいろな習いごと

最近は、ダウン症の子どもを受け入れる場も増えています。習いごとには、ごく簡単に分けると3つの種類があります。いずれにしても本人が楽しめることがいちばん大切です。

**教育・発達の効果をねらうもの**

●学習塾　●そろばん
●書道　など

学習の補助や、勉強の助けになるものが多い

**療育的効果をねらうもの**

●スイミング
●ダンス（リトミック体操など）
●ピアノ　など

目的として、楽しさのほかに療育的な効果をねらったもの

**楽しさを目的とするもの**

●絵画
●工作や手芸
●スポーツ　など

本人が好きであること、楽しめることを主眼にしている

進路選択

# それぞれの特徴や方針を確かめて

以前は、ダウン症の子どもたちの教育は、特別支援学校、または特別支援学級でした。しかし、最近では教育の場を広げる取り組みが始まっています。

## メリット・デメリットはいろいろ

学校を選ぶときには、まずは子どもの特性・力に合った学習が受けられることが第一です。それにプラスして、それぞれのメリット・デメリットも考慮してください。

| | 地域の学校では | 特別支援学校では |
|---|---|---|
| 通学や人間関係 | **地域でのつながりができやすい**<br>近所の子どもといっしょの学校に通うことで、身近な友達がつくりやすくなります。 | **通学の手間が大きくなる場合も**<br>特別支援学校が住んでいる地域から遠い場合には、通学の手間がかかります。特に子どもが小さいときには、送迎の手段も考慮する必要があります。 |
| 教育の方針や内容 | **受け入れ態勢が学校や地区によって異なる**<br>特別支援学級が併設されていない学校では、通常学級で指導を受けることになります。ダウン症の子どもでは、個別に学習をフォローする指導員の設置が望まれますが、実際の取り組みは学校によってかなり異なるのが現状です。 | **苦手なことに合わせた指導が受けられる**<br>子ども1人当たりの指導要員が多く、特性に合わせた指導が受けられます。また、学習以外に、就労を視野に入れた授業や、生活動作のプログラムなども受けられます。 |

## 教育の場が変わりつつある

二〇〇二年から、学習に障害があっても地区の教育委員会が「特別な事情がある」と認めた子どもは、地域の通常学級に就学できる仕組みが始まっています。

また、教育の場を限定した「特殊教育」から、学習や学校生活に支援が必要な子どもたちに、教育の場を広く確保する「特別支援教育」へと動き出しました。

## 将来の見通しをもって考えよう

地域の学校で、通常学級での受け入れを希望する両親も多いものです。しかし、地域の学校と特別支援学校では、メリット・デメリットが異なります。進学先を決めるときには、よく事前に相談してください。通学にかかる時間などを確かめることも大切です。

また、卒業後の進路の見通しをもつことも大切です。実際の卒業生の進路なども参考になります。



### 専門家のアドバイスも参考に

就学相談では、子どもの日ごろの状態についてくわしく聞かれます。子どもの発達の状態や心理検査、合併症の有無など、多角的な視点から判断します。

相談の窓口は身近なところにあります。よく相談して決めてください。

学校見学や体験入学などが利用できる場合もある。大いに活用したい

**医療機関のカウンセラー**

医療機関のカウンセラーから地域の学校の情報を得られる場合もあります。また、合併症や、視覚、聴覚に障害がある子どもでは、学校生活で注意すべき点なども相談しておくと安心です。

**地域の学校**

学校の教育相談窓口を利用できます。就学を希望する場合だけでなく、進路相談の場合も、相談の内容に応じて、学校が地域の教育委員会への窓口となります。

**市区町村の相談窓口**

市区町村の教育委員会が就学相談を行っているほか、地域の教育センター、福祉センターなどでも相談を受け付けています。

見守る
①

# 「こうしなさい」よりも「こうしてみたら」

学童期になって独立心が芽生えてきた子どもにとって、親からの干渉が負担になることが少なくありません。

## 家族だからこそ気をつけたいポイント

子どもの自尊心を尊重して勉強を教えることは、意外とむずかしいことです。身近な存在だからこそ、親は時に無遠慮な言葉を投げつけがちです。

### できるはずだ できるようになってほしい

本心は子どものためを思っていても、裏腹な行動に出てしまう

### 気をつけたい言葉

何気ない言葉でも、子どもにはつらいものです。

どうしてこんなまちがいをするの？

できないなんて……

### 反発

頭ごなしにしかられると、子どもは腹を立てたり反発するだけです。また、がんばっているのに認めてもらえないという失望感も出てきます。

### 勉強を隠すようになる

宿題などを親から隠したり、勉強のことについて話すのを嫌がるようになります。

### やり方が違うと混乱する

学校で教わった方法と、親が教えるやり方が違うと、かえって混乱してしまいます。

### 自尊心

勉強がわからないことを指摘されると、だれでも自尊心が傷つけられる

## 命令より提案を

勉強を見るときには、「教える」よりも「見守る」ようにしましょう。

宿題、やった？
こうしてみたら？
おつかれさま、がんばったね
やらせるよりも、見守るほうがむずかしい


### 質問から始める

「宿題しなさい」の命令ではなく、子どもの自主性を尊重して、うながす言葉がけをしましょう。

### 方法を提示する

子どもが迷っていたり、わからないところがあるときには、命令ではなく方法を提案します。子どもが考える時間をもてるようにしてください。

### ねぎらいを忘れずに

わからなかった問題が解けたときや宿題が終わったら、子どもの努力をねぎらいましょう。

### 思いが「あだ」になりがち

学校の勉強が進んでくると、子どもなりに苦労することが多くなったり、できないことを自覚してきます。特に、通常学級に通う子どもはその傾向が強くなります。

しかし、親は子どもの勉強について、できないことに、つい失望感をあらわにしたり、頭ごなしにしかったりしがちです。親はただ「できるようになってほしい」と願っているだけでも、子どもには「余計なお世話」と感じられてしまうことが少なくありません。

### 引くことを覚える

勉強するときに、内容をきちんと理解することはもちろん必要です。しかし、自分で解く喜び、できたときの達成感を味わうこともまた欠かせません。

子どもの年齢や内容の理解度にもよりますが、勉強については、少し引いて見守ることも必要です。

見守る ②

# 本人の様子、環境の変化を見逃さない

疲れていたり、周囲の環境が急に変わると、だれでもストレスを感じやすくなります。ストレスに早めに気づくことは、健康維持のためにも欠かせません。

## 早い段階でキャッチする

ダウン症の人は、一般に「がんばりすぎる」「融通が利かない」傾向があるようです。また、周囲の人も、つい「がんばって」と励ます一方になりがちです。

しかし、がんばりすぎは必ずしもよいことではありません。知らず知らずのうちに、体力的にも、精神的にも疲れがたまってしまうことがあります。

疲れやストレスが高じると、適応障害（86ページ）を招き、程度がひどくなると治療がむずかしくなるケースもあります。周囲の人も、本人も、無理をしていないか、体調に変化がないかを注意してください。

### サインを見逃さない

不調のサインはささいなことから始まります。程度がひどくなるまえにキャッチすることが、早い改善につながります。

### 不調のサイン

- 元気がない
- 食欲がない
- やせる
- 尿失禁
- こだわりが強くなる
- 独り言が増える
- 動作がゆっくりになる
- 小刻みに歩く

元気がない、食欲が落ちたなどは、最初は見落としがち。「長い間続くか」などを気をつけて見ておきましょう。

### 本人の傾向

- がんばりすぎる
- 融通の利かないところがある

決まったやり方を変えるのが苦手だったり、途中でやめることができないなどの傾向が、ストレスや疲労を招きやすい

## ふだんから コミュニケーションをとっておこう

どんなことがストレスの原因になるか、周囲の人にはなかなかわかりにくい場合もあります。日ごろから、本人の感じていること、身の回りの出来事について話す時間をもつようにしましょう。

### 仕事の内容

どんな作業をしているかや体力的なことはもちろん、どんなことがおもしろいか、何をつらく感じるかなども聞きましょう。

改まって話そうとするよりも、日ごろのちょっとした会話を大切にしよう

### 職場・学校でのできごと

身の回りの環境のちょっとした変化が、ストレスを招くこともあります。個人差もありますが、ダウン症の人は、社会性が高く人とのかかわりを好むため、ほかの人との接点が少ないことが、苦痛に感じられることもあるようです。

### 通勤・通学の負担

通勤や通学は毎日のことなので、意外と疲れのもとになります。特に、学校でも仕事でも通い始めは疲労がたまりやすくなります。

### 先生や友人からの話も参考に

だれでも、親には知られたくないことや言いにくいこともあります。様子を見ていて気になることがあるときには、本人に問い詰めたりせず、周囲の人に話を聞いたりするなどの配慮も必要です。

見守る③

# お互いにがんばりすぎない

子どもを守るための行動が、かえって子どもの自立を阻む結果を招くこともあります。親もまた、自分ががんばりすぎていないか見直す必要があります。

## 両親ががんばりすぎる

ダウン症の子どもをもつ親にとって、社会での受け入れは壁また壁と感じられます。時には、両親ががんばりすぎるあまり、過保護になる場合もあります。

### 社会的制約

幼稚園や保育所、地域の学校で受け入れてもらえないなど、社会の受け入れ態勢はまだまだ不完全です。

### 周囲の無理解

ダウン症についての理解はまだ十分ではありません。育児のたいへんさ、本人の能力などが理解されず、つらい思いをすることもしばしばです。

社会的な受け入れは、取り組みに地域差もあって親の苦労はまだまだ大きい

一方で……

### 過保護になりがち

親がこまめに子どもの世話を焼き、面倒を見るために、子どもが「自分のことを自分でする」ようにならないケースもあります。

### 自立を阻む結果になりかねない

子どもに愛情をかけることは、面倒を見ることだけではありません。親が何でもしてやると、子どもは「自立」のきっかけをつかむことができません。

## 本人をがんばらせすぎない

しばしば、親は「社会的条件のよい仕事」ばかりに目がいきがちです。しかし、本人にとってそれが幸せかどうかはわかりません。社会的なものさしではなく、本人の希望で職場を選ぶことも、必要です。

**せっかく仕事に就いたのに、やめてしまうの？**

ダウン症の人の就労状況はまだまだ厳しいというのが現実です。そのため、仕事をやめたり、変えたりするのを、つい「もったいない」と止めがちです。

**あっちのほうが条件がいいよ**

収入や労働時間、立地条件などは、仕事を選ぶ大切な目安の1つです。しかし、それにこだわりすぎる必要はありません。

## 本人の希望を優先する

仕事をするのは本人です。収入などの社会的な条件よりも、人間関係のよさ、仕事の内容で本人が選ぶのを尊重してください。

### 「守る」から「自立」へのかじ取りはむずかしい

ダウン症の子どもをもつ親のなかには、子どもを守るあまり過保護になってしまう人もいます。

子どもが成長するには、いずれ自分のことは自分でできるようにしていかなければなりません。守る姿勢から、子どもの自立をうながす姿勢へ、親自身が変わらなければならないときもあります。

### 社会的な条件にしばられすぎないで

子どもが社会で自立することを目指していると、親は時に、就労すること、仕事を続けることばかりに目がいきがちになります。

しかし、仕事をするのは、本人です。収入が高く、就職の条件がよくても、本人にとって居心地が悪く、続けるのがたいへんでは、本人の幸せには結びつきません。

本人が周囲の人とよい関係を築き、やりがいを感じられること、それを大切にしてください。

COLUMN

# きょうだいとの関係を考える

きょうだいへのサポートも進みつつある

## きょうだいへの不安はステップの一つ

ダウン症に限らず、障害のある子どものきょうだいについて、親は「十分な時間をかけてやれなかったのではないか」という不安を感じることがしばしばあります。

きょうだいに障害のある子どもがいる場合の影響については、さまざまな研究がおこなわれていますが、統一した見解は出ていません。家庭の数だけ、子どもの数だけ、答えがあるのです。

じつは、親がきょうだいについて不安を感じる時期というのは、ダウン症の子どもの育児についてある程度見通しをもてるようになり、余裕が出てきた時期でもあるようです。こうした不安が、家族やきょうだいとの関係を見直し、次のステップへと進むきっかけとなるのです。

## 互いの存在が刺激になる

きょうだいがお互いに与え合う影響もまたさまざまです。下の子がダウン症の場合には、上の子は年長者として、面倒を見るようになります。一方、ダウン症の子どもに、妹や弟ができたときに、ダウン症の子どもがお兄さん、お姉さんらしく成長することもしばしばです。

お互いの存在を刺激として育っていくのです。

# 4

# 健康管理のポイント

ダウン症では、合併症などのほか、
小さいころには感染症にかかりやすいなどの
トラブルが起こりがちです。
ここでは主な合併症と、その治療・対処法をお教えします。

健康管理

# 合併症、感染症のチェックが欠かせない

ダウン症の子どもは、特に幼少時には健康管理に注意が必要です。合併症の有無を調べることはもちろんですが、かぜなどの感染症にも気をつけてください。

## 新生児〜乳児期の注意点は3つ

かつて、「ダウン症の赤ちゃんは短命」といわれたのは、乳児期の健康管理がむずかしかったためです。しかし、現在では、多くの先天性疾患や感染症は、日常生活の注意と医学の進歩によってコントロールできます。

### ①合併症の有無

ダウン症では、さまざまな合併症が見られます。代表的なのは、心臓疾患、消化器疾患、頸椎《けいつい》の異常、目（視覚）や耳（聴覚）の異常などです。

### ②感染症の有無

元気がない、体温が高いなどのチェックも欠かせない

ダウン症の赤ちゃんは免疫の働きが弱いため、感染症の危険性が高くなります。ありふれたかぜでも、気管支炎や肺炎を招くこともあります。また、中耳炎を併発しやすく、聞こえが悪くなる場合もあります。

### ③自律神経の調整が弱い

自律神経とは、私たちの体の働きを調整する神経です。ダウン症では、この神経の働きが少し弱いため、子どものころには特に体が冷えたり、便秘がちなどのトラブルが多くなります。

外の温度に対して調整する働きが弱いため、寒いところで皮膚の色にムラができたり、しもやけになりやすい

**対応** **根治手術や日常生活でのケアを**

心臓や消化器の異常がある場合には、病気の程度や本人の体力にもよりますが、多くは子どものうちに手術がおこなわれます。

目の屈折異常や聴覚の異常の場合は、めがねや補聴器などを使います。

**対応** **人ごみを避けるなどの予防策を**

かぜがはやっている時期は、できるだけ人ごみを避けることなどを心がけましょう。ただ、完全に予防するのはむずかしいので、ふだんから赤ちゃんの様子を見て早期発見を心がけます。

**対応** **マッサージや適度な運動をおこなう**

自律神経の働きは、年齢とともに少しずつよくなります。冷えなどのトラブルを減らすためにも、マッサージや運動で、体に適度な刺激を与えてあげましょう。また、便秘を解消する工夫も欠かせません（→P78）。

## 合併症はわりに多い

ダウン症の子どもは、心臓や頸椎に何らかの異常がある場合があります。ただ、ダウン症に特有の異常というのはありません。なぜダウン症の子どもたちに先天性疾患の起こる割合が高いのかは、まだわかっていません。

最近では、染色体検査と並行して合併症の検査がおこなわれるのが一般的です。先天性疾患が見つかれば、症状の程度や、赤ちゃんの体力などに応じて治療がおこなわれます。

## 無理は禁物だが大事にしすぎもよくない

健康管理に気を使うあまり、過保護になるのはよくありません。無理のない範囲で赤ちゃん体操をさせたり、たくさんの経験をさせるほうが、ひいては赤ちゃんのためになります。

とくに、食事やトイレトレーニングなどは、一～二歳の時期にしっかり始めておかないと、大きくなってからではなかなか身につきません。

合併症がある場合には、医師の説明をよく聞いてください。運動制限や注意点がある場合は、家族全員で把握しておきましょう。

定期検査

# 幼いころは多めに、成長に合わせて頻度は変わる

赤ちゃんのころは、合併症のコントロール、健康管理などでこまめにチェックします。成長とともに、体が丈夫になってくると、体調に合わせて回数が決まってきます。

## 赤ちゃんのころはできるだけこまめに

ダウン症の子どもの定期検査の頻度は、医療機関の方針によって多少異なりますが、おおむね、乳幼児期はこまめに、大きくなると少なくなるのが一般的です。

検査の内容は、合併症の種類や程度にもよりますが、生まれてすぐのころには、一ヵ月に一回のペースが理想的です。

この時期は、生まれたばかりの赤ちゃんの世話に加え、ダウン症について家族も不安を抱えている時期です。診察は、赤ちゃんの健康チェックだけでなく、親にとっても、疑問を解消したり、ダウン症についてよりくわしく知る機会となります。

### 検査の時期と内容

時期と回数の目安を紹介します。実際には、体調や治療方針によって個別に異なります。

| | | |
|---|---|---|
| 新生児 | 必要に応じて随時 | ・染色体検査（確定診断のため）<br>・心臓の検査（心エコー、心電図など） |
| 乳児 | できれば毎月 | ・血液検査（内分泌機能、免疫、血球数など）<br>・脳波検査<br>・眼科検査、耳鼻咽喉科検査（聴力など） |
| 幼児 | 3～6ヵ月ごと | ・頸椎のエックス線撮影<br>・歯科検査<br>・脳波検査<br>・眼科検査、耳鼻咽喉科検査（聴力など） |
| 学童 | だいたい6ヵ月ごと | ・血液検査（尿酸値、糖代謝、甲状腺機能など）<br>・脳波検査<br>・眼科検査、耳鼻咽喉科検査（聴力など） |
| 成年 | 毎年 | ・必要に応じて |

## 身近に相談できる環境があるとベスト

ダウン症の専門医だけでなく、中耳炎や軽いかぜ、結膜炎など、子どもに多い「ちょっとした病気」を気軽に相談できるかかりつけ医が地域にいると安心です。

定期検査や診察には、できるかぎりお父さんも参加して、注意すべきことを知っておこう

### 小児科・合併症の担当医

ダウン症では、ほとんどの場合、生まれたあとすぐに小児専門医を紹介され、ダウン症全般の指導を受けます。合併症があれば、その専門医の診察も受けます。地域の中核病院や小児専門のクリニックであることが多いようです。

### 近所のかかりつけ医

とくに、担当医のいる医療機関が遠い場合、住んでいる地域にかかりつけ医をもつのが理想的です。ふだんの様子を知っている医師が身近にいると、ちょっとしたかぜや体調の変化など、気軽に相談できます。

### 地域の保健・福祉のスタッフ

身近に医療機関が少ない、どこに行けばよいかわからない場合は、地域の保健師や福祉センターなどに相談してもよいでしょう。ダウン症にくわしい医師などの情報が得られます。

### 近所の眼科 近所の耳鼻咽喉科

ダウン症では、目や耳のトラブルが多く見られます。眼科や耳鼻咽喉科も、近所にかかりつけ医があると便利です。子どもはどうしても検査を嫌がるものですが、よく見知った先生のほうがスムーズです。

## 心臓の病気

# 心臓の構造や働きに異常が起こる

心臓の異常は、合併症のなかでもよく見られるものです。
最近は乳幼児期から手術がおこなわれるケースも増えています。

### 心臓の仕組みと合併症

心臓は、左右に分かれていて、それぞれ心房と心室があります。この4つが順序よく収縮・拡張を繰り返して全身に血液を送り出しています。ダウン症では、心臓や周囲の太い血管に異常があって、心臓の働きがうまくいかないケースがあります。

### 心臓疾患のサイン

- ●呼吸が速く荒い
- ●顔色が悪い（くちびるの色が紫色）
- ●乳の飲みが悪く、体重が増えない
- ●元気がない

体重が増えず、元気がないのは、ダウン症の特徴か合併症によるものか、素人では判断がむずかしい場合も

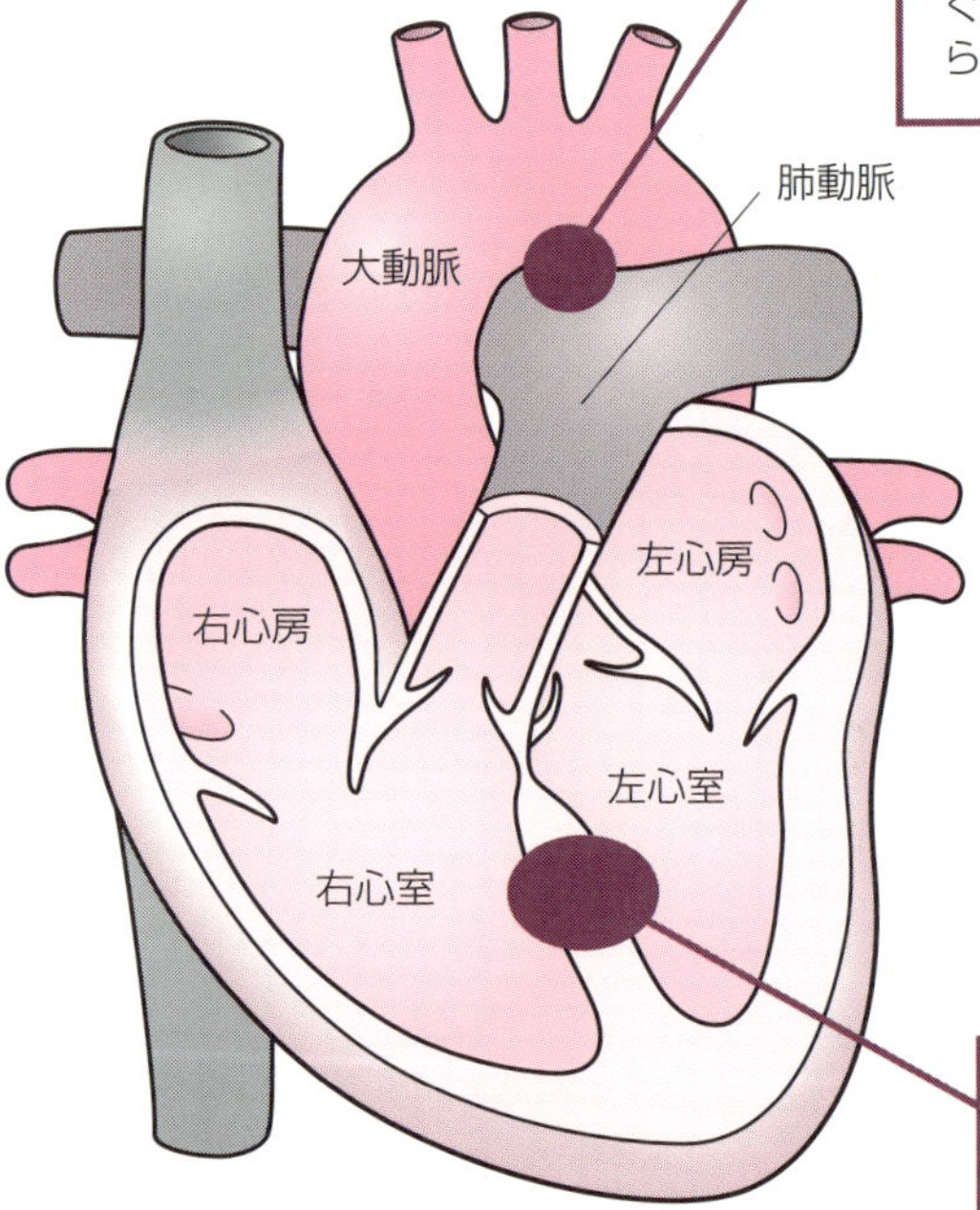


**●動脈管開存症**
右心室から肺へ血液を送り出す「肺動脈」と、左心室から全身へ血液を送り出す「大動脈」をつなぐ「動脈管」が閉じず、大動脈から肺動脈へ血液が流れ込む

**●心房中隔欠損症**
左右の心房の間の壁（心房中隔）に欠損があるタイプ。左心房から右心房へ血液が流れ込む

**●心室中隔欠損症**
左右の心室を隔てる壁（心室中隔）に穴（欠損）があり、左心室から右心室へ血液が流れ込む病気。心疾患の合併症のなかで、もっともよく見られる。心室中隔と心房中隔の境あたりに欠損のある「心内膜床欠損」も多い

**●ファロー四徴症**
肺動脈が狭い、肺動脈弁付近の心室中隔欠損、大動脈の位置の異常、右心側の肥大、の4つの症候がある病気

## 治療、対応は主に3つ

### 1 手術

重症のものは、乳幼児期でも手術をおこないます。なかには、2回に分けて手術をおこなうこともあります。先天性心疾患では肺への血流が増えて「肺高血圧」を合併しやすく、肺高血圧の程度が重いと、手術ができない場合もあります。

### 2 薬物療法

血流量を少なくして心臓の負担を助ける利尿薬や、血圧を下げる降圧薬、心臓の働きを助ける強心薬などが使われます。

薬の種類によっては、食事制限を伴う場合もあります。

### 3 日常生活の工夫

手術がおこなわれない場合、あるいは、欠損が小さく自然にふさがることが期待できる場合には、様子を見ます。症状の程度に応じて、運動制限や薬物療法が必要です。

子どもが活発になる幼児期、学童期には制限の内容をよく確認しよう

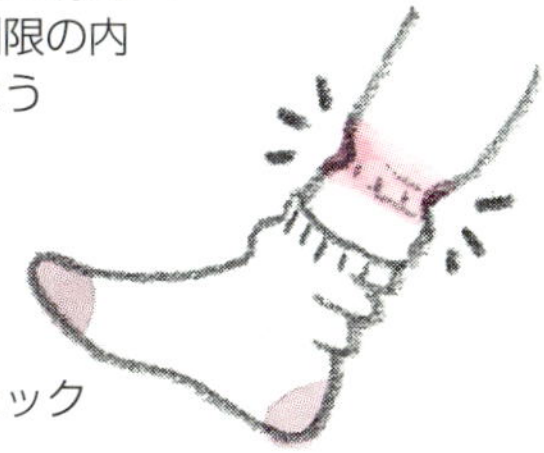

むくみなどのサインは毎日チェック

### 合併症のなかではもっとも多い

心臓の形に異常がある「先天性心疾患」は、ダウン症でよく見られる合併症で、内臓の合併症としてはもっとも数が多いものです。医療機関によっても差がありますが、ダウン症の子どものうち、三〇～五〇パーセントに見られるといわれています。

もし新生児期に心エコーなどの検査がおこなわれていない場合には、呼吸の乱れなどの症状がなくて元気な場合でも、念のため検査を受けておくと安心です。

### 治療法、対処法はさまざま

最近は心臓手術の技術が向上して、幼いうちに手術がおこなわれるケースが多くなっています。

しかし、合併症の種類や症状の程度によっては、薬物療法と日常生活の工夫で対処していく場合もあります。また、二回に分けて手術する場合もあります。

消化器の病気

# 生まれてすぐに見つかる病気が多い

**消化器の合併症は、内臓の合併症で手術がおこなわれるものとしては心臓の合併症に次いで多いのですが、それでも頻度は一〇パーセントほどといわれています。**

## 形の異常などは根治手術が基本

消化器の異常は「うんちをしない」「よく吐く」などの異常から発見されることがほとんどです。

根治のためには手術が必要ですが、体力の問題などがなければ乳幼児期に手術が可能です。ただし、感染症のコントロールなどのために、入院期間はやや長くなります。

また、内臓の異常ではありませんが、便秘もダウン症に多い消化器トラブルです。

便秘は日常生活の習慣で緩やかに改善していくのが理想的ですが、幼少時にはより速やかに解消するほうがよいでしょう。排便時に痛むと、トイレに行くのを嫌がるようになってしまいます。

## 器質的な異常には手術がおこなわれる

### 手術がおこなわれる合併症

**●十二指腸閉鎖**

胃と腸をつなぐ十二指腸がふさがっていて、食べたものが腸へ下りていかない病気。胃と腸をつなぐ手術がおこなわれます。

**●鎖肛**

生まれつき肛門が開いていない状態。肛門の周囲に小さな穴がある場合には手術でそこに肛門をつくりますが、そうでない場合には、手術を2回に分けて人工肛門を形成します。

**●ヒルシュスプルング病**

大腸の形に異常があり、便がたまってしまう病気。手術によって、異常のある部分を切除します。

### 異常のサイン

**●よく吐く**
**●便が出ない**
**●おなかが異常に膨れている**
**●がんこな便秘**

出産後の入院中に気づかれることがほとんど。ただし、がんこな便秘だけの場合には、わかりにくい場合もあるので、おなかの張りをよくチェックします。

必ずしも緊急手術はおこなわれない。手術をおこなう時期、入院期間などはよく確認しよう

## 便秘も合併症の1つ

ダウン症の子どもは特に便秘になりやすいので、早くから便秘を解消する習慣を身につけさせましょう。

### 筋力が弱い

筋肉の緊張が弱いダウン症では、おなかに力を込められず、いきむ力が弱いため、排便がうまくいきません。

### 強い便秘になりやすい

体質的に便秘になりやすいうえ、体をあまり動かさないので、がんこな便秘に悩まされやすくなってしまいます。

### 自律神経の調整が弱い

腸の動きをコントロールする自律神経の調整が、幼いころはまだ発達していません。そのため、便秘になりやすいのです。

**対処法は…**

### ●薬を使う

便秘が続くときには、内服薬や浣腸を使いましょう。その後は食事や運動で便秘を和らげる工夫を続けてください。

薬や浣腸は、使いすぎはよくないが、「クセになるかも」と心配して使わないよりも、便秘を長引かせないことを優先したい

### ●運動をする

体を動かすと、体にリズムがついて排便がうながされます。子どもが幼いときには、おなかのマッサージでもよいでしょう。

### ●繊維質の多い食物をとる

食物繊維を含むものをたくさん食べると、便のかさが増えて、排便しやすくなります。

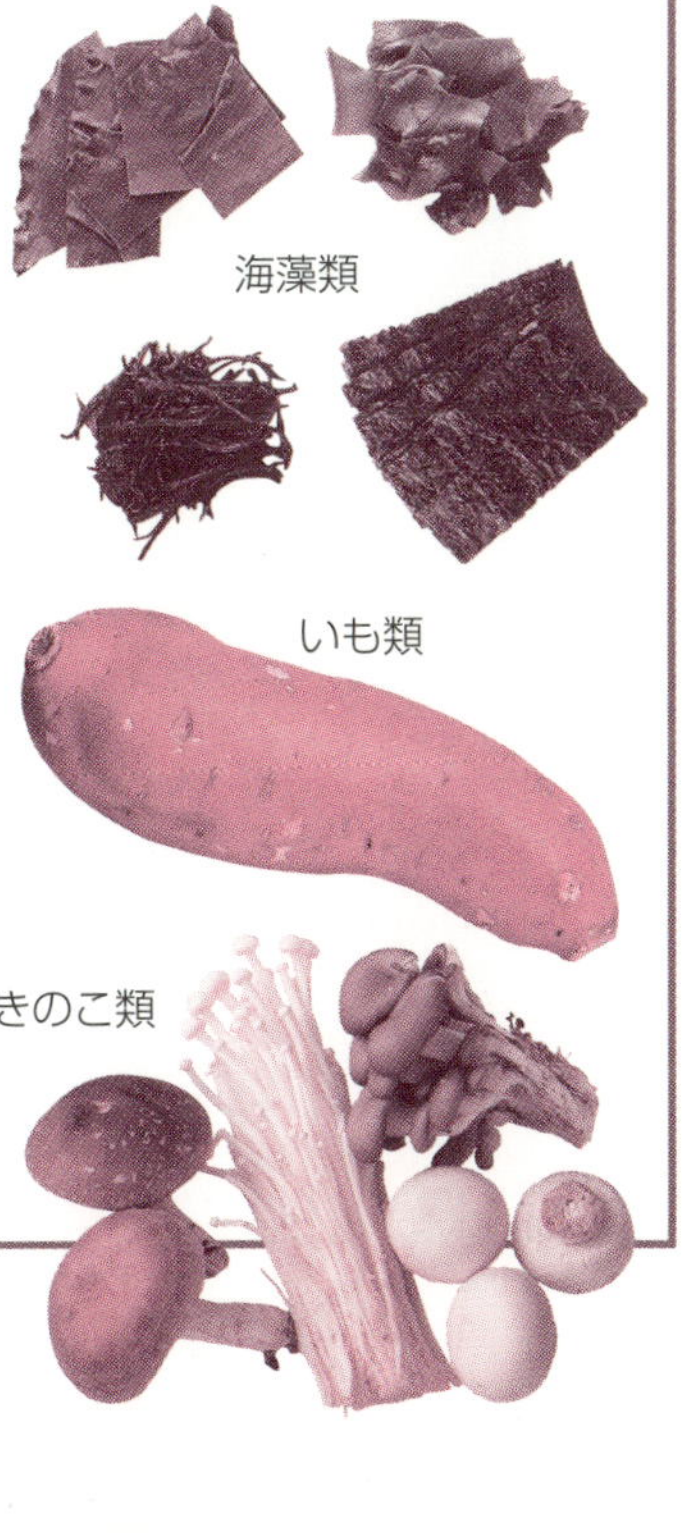
海藻類
いも類
きのこ類

## 頸椎の病気

# 首の骨の一部が不安定になる

頸椎とは、背骨のうち首の部分の骨を指します。ここには、首を自由に動かすための複雑な関節があります。ダウン症では、これらの関節の一部に不具合が生じやすいのです。

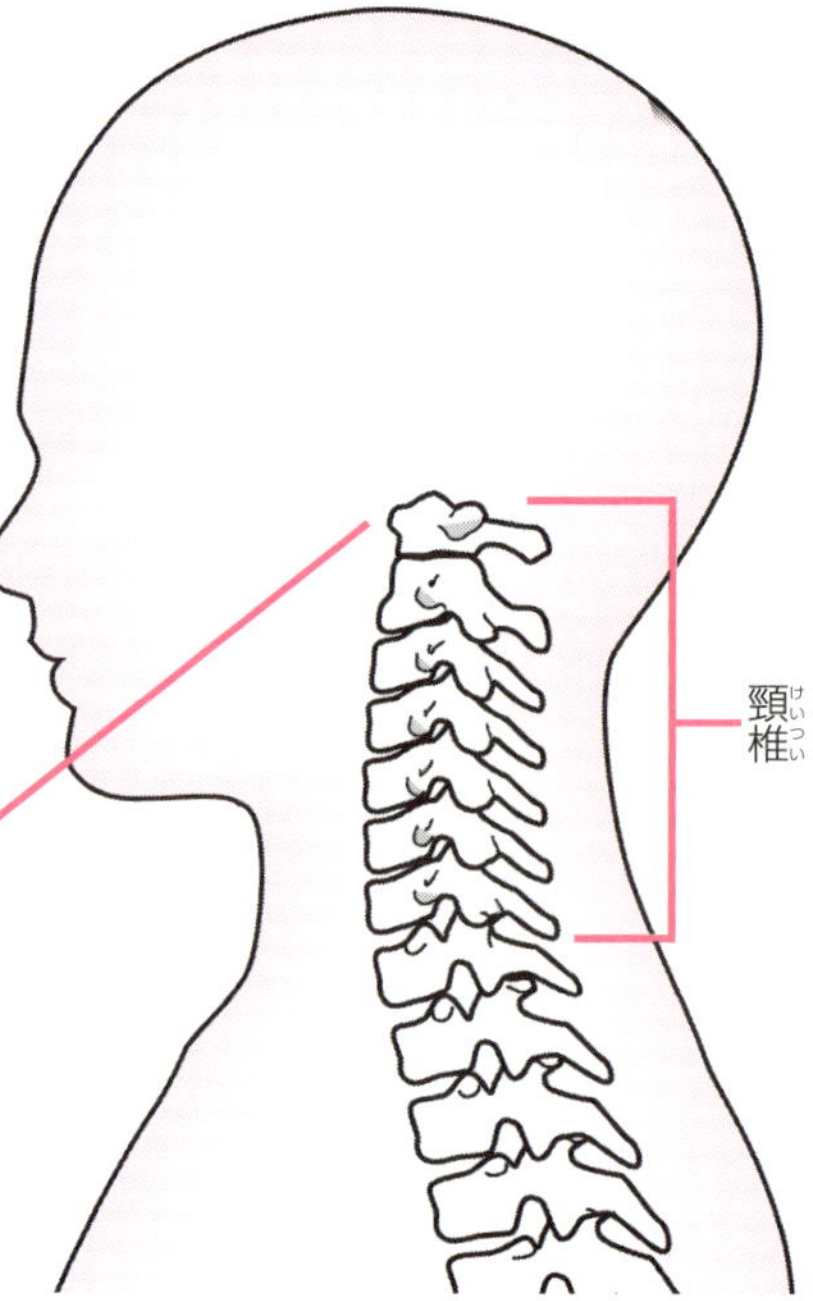


首の部分の骨を横から見た図。頭蓋骨のすぐ下から7つの椎骨を頸椎と呼ぶ

### 首の骨の発達トラブル

背骨は、「椎骨」という骨がいくつも積み重なった構造をしています。このうち、頭蓋骨のすぐ下から7つが「頸椎」です。この骨と骨をつなぐ関節の突起の一部が発達しないという異常が、ダウン症でよく見られます。

### 1つ目の椎骨が前方へずれやすい

通常、椎骨はお互いの突起がかみ合って安定していますが、ダウン症では時に、いちばん上の椎骨が安定せず、2つ目の椎骨よりも前にずれやすくなる異常が見られます。

### 程度がひどくなると、マヒや感覚障害を招く

椎骨の中には、脳から伸びた太い神経（脊髄）を通す穴（椎孔）があります。椎骨が前方にずれると、椎孔が狭くなって脊髄を圧迫したり、ひどい場合には傷つけたりします。

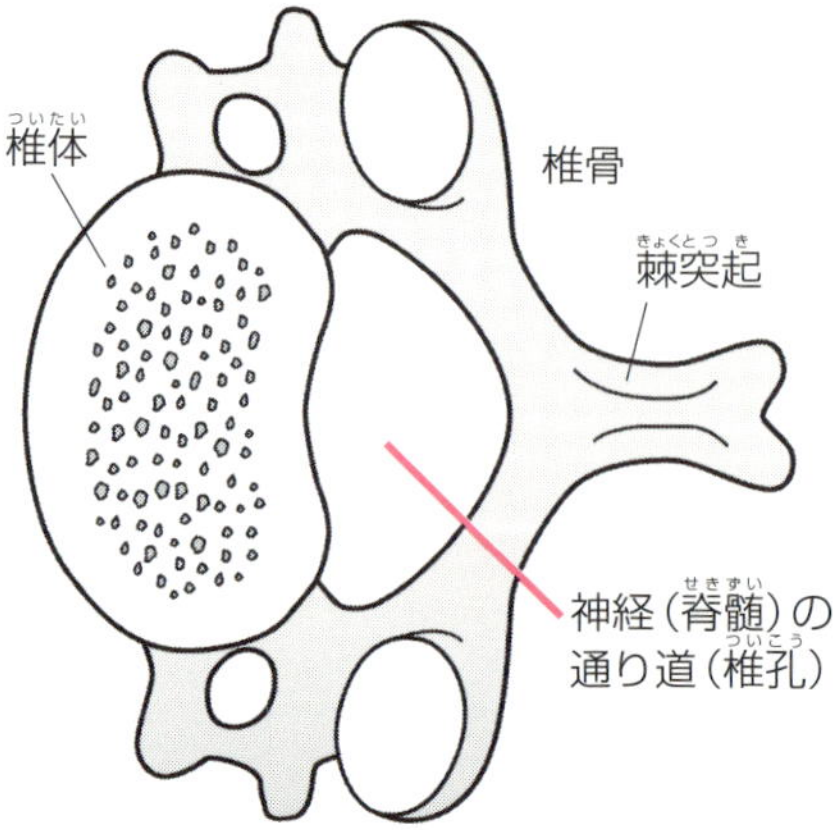


椎骨を上から見た図。図の左側がおなか側、右側が背中側になる。棘突起が、上下に複雑にかみ合って、柔軟な首の動きを可能にしている

## 日常のケアで対応する

椎骨の固定手術はかなり大がかりなため、椎骨の異常が見つかっても、ほとんどは日常生活の制限で対応していきます。本人に指導するだけでなく、周囲の子どもの協力が必要な場合もあります。

### こんな運動、動作は避ける

**飛び込み**
プールへ頭から飛び込むのはもちろん、足からでもかなりの衝撃になる

**前転などのマット運動**
頸椎に体重がかかり、危険

**サッカーや柔道など**
ヘディングや受け身など、首に衝撃を受けやすい

**激しいジャンプ**
何度も飛び跳ねたり、高いところから飛び下りたりすると、首に衝撃を受けやすい

### 首を支える装具を使う

首を支える装具を使って、頸椎にかかる負担を軽くします。

### 学校での活動に気をつける

学校に通っている子どもは、体育の授業内容によっては見学させるなどの対処が必要です。学校の先生に、注意が必要な動作などを伝えておきましょう。

### 頭を支える頸椎が安定しない

ダウン症では、頸椎の一部の成長が悪く、骨と骨がかみ合わずに不安定になる場合があります。

背骨の中には、脳から全身へつながる重要な神経が走っています。頸椎の安定が悪いと、骨と骨がずれて中を通る神経を傷つけ、しびれやマヒなどの後遺症を招くおそれがあります。

### 特に学童期には注意

頸椎に異常があっても、常に神経を圧迫するほどの重症でなければ、手術はおこないません。生活のなかで首にショックを与えたり、負荷のかかる動作を控えるように指導して様子を見ます。

幼児期には体重が軽いので、頸椎の負担も軽いのですが、学童期になると、子どもも活発になって運動制限がむずかしくなるケースもあります。学校の先生にもよく説明し、協力をあおぎましょう。

# ほうっておくと視覚の発達をさまたげる

ものを「見る」までには、たくさんの練習が必要です。赤ちゃんは、猛スピードでこの練習を進めます。視覚の発達をさまたげないためにも、見え方の異常は早く発見したいものです。

## よく見えないと「視覚」が発達しない

目が見えることと、見る力は似て非なるものです。見る力とは、目でとらえた映像を脳で処理する力のことです。これは〇～三歳ごろをすぎると、それ以降はあまり伸びません。つまり、早いうちに赤ちゃんの目がしっかり見えていることがとても重要なのです。

ダウン症の子どもには、近視や斜視などがよく見られます。早くから赤ちゃんの目や、ものを見る様子をチェックして、気になることがあったら早めに医師に相談しましょう。

斜視の場合は手術がおこなわれる場合もあるので、その時期などについてよく話を聞いてください。

## 1～2歳ごろまでに発見すべき病気

左右の目から入ってくる映像を1つにまとめたり、両目の運動を連動させたりといった複雑な操作を、赤ちゃんは実際に「見る」ことで身につけます。この時期に眼球やその運動に異常があると、ものを見る力がつきません。

**白内障** 目の焦点を合わせるレンズの働きをする「水晶体」に、にごりがある病気です。ダウン症では、生まれつきにごりがある場合があります。ただ、にごりが水晶体の中心部にないかぎり、あまり視力には影響はありません。

**内斜視** まっすぐ前を見たときに、左右どちらかが内側によってしまう状態です。内側によっているほうの目では正しい映像がとらえられないので、早めに治療をおこなわないと、両目でものを見ることがむずかしくなってしまいます。

**注意** 内斜視と間違えやすいケースも

赤ちゃんは、子どものころは鼻の皮膚が目頭のほうへ張り出していることがある。そのため、見かけ上内斜視のように見える場合もある

年とともに顔が成長すると、皮膚が引っ張られて本来の位置に戻るので気にしすぎないで

## 6歳ごろまでに発見したい病気

目の異常は、3～4歳以降に発症してくるものもあります。また、子どもの活動の幅が広がるにつれて気づきやすくなる場合もあります。いずれにしても、子どもにとっては「見えない状態が当たり前」で、「見えない」と訴えることはありません。その意味で、周囲の人のチェックが欠かせません。

**サイン** 目が充血している、よくまばたきする

まつげが刺激となってまばたきが多くなったり、炎症のために目が充血する

**さかさまつげ** まつげが眼球に向かって生えているために、眼球にまつげが当たってトラブルを招きます。黒目の部分にまつげが当たっている場合には、手術が必要なこともあります。

**サイン** 首をかしげて見る

ものを見るときに、いつも同じ方向へ首をかしげて見る

**上下斜視** どちらか片方の目が、ものを見るときに上や下によってしまう状態です。

**屈折異常** ピントを合わせる筋肉の働きがうまくいかず、ものが見えにくくなる状態です。近視、遠視、乱視があります。遠視は、内斜視の原因となっている場合もあります。

**サイン** ものを近くで見る、目を細める

ものを見るときに、目を近づけたり、目を細める、顔を斜めに傾けるなど

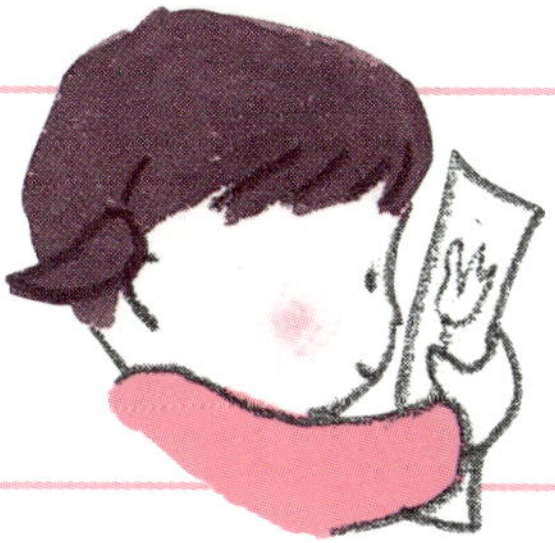

## 屈折異常は早めに矯正する

屈折異常は、めがねを使って矯正できます。逆に、めがねで矯正しないと、目が正しい像をとらえることができないままになってしまいます。

子どもがめがねを使うか心配する人もいますが、子どもはめがねが自分に合っていて、よく見えるようになれば、必ず使うようになります。

子どもがめがねをかけたときに、「よく見えるね」「似合っているよ」と励まそう

耳鼻咽喉科の病気

# 中耳炎による難聴に気をつけて

聞こえのトラブルは、とくに片方だけに起こっているときには気づきにくいものです。「右側から呼ぶと反応が悪い」などのささいなサインを見逃さないでください。

## 聞こえのトラブルは気づきにくい

難聴もダウン症に多い合併症です。ただし、もともと聞こえが悪いケースよりも、中耳炎などによる難聴のほうが多く見られます。

視覚のトラブルと同様、子どもは「聞こえない」とうったえません。聴力検査は、特に小さな子どもではむずかしい場合もあるので、周囲の人がよく注意して子どもの様子を観察してください。

聞こえがよくなると、言葉の発達がうながされるほか、反応がよくなる、活発になるなどの変化が見られます。

反応が悪いのを「ダウン症だから」と決めつけず、聞こえを確かめることも必要です。

前から呼ぶと気づくのに、うしろから呼ばれると気づかないなど、小さな変化を見逃さないで

### 音への反応の変化をよく見る

小さな子どもは、聞こえが悪くてもその状態が異常だとはわかりません。周囲の人が「テレビの音量が大きい」「反応が鈍くなった」などの変化を早めにキャッチするよう心がけてください。

### 器質的な難聴

数はあまり多くありませんが、音をキャッチして脳に伝える経路に異常がある場合があります。この場合は、補聴器を使いながら、手話やサインなどのコミュニケーション方法を併用します。

### 中耳炎による難聴がとても多い

中耳炎は、ダウン症の難聴の原因としてもっとも多いものです。小さな子どもは、かぜから急性中耳炎に進みやすく、急性中耳炎が治りきらないと、中耳に炎症による液体がたまる「滲出《しんしゅつ》性《せい》中《ちゅう》耳《じ》炎《えん》」を招きます。

滲出性中耳炎は、痛みもなく完全に聞こえなくなることはまれです。大きな声や音には反応するため、かえって発見しにくい、やっかいな状態です。

## 生活の中で心がけるポイント

滲出性中耳炎の治療や予防はもちろん、日ごろの生活で起こりやすい耳のトラブルと、その対処法を知っておきましょう。

### かぜを放置しない

鼻、のど、耳はのどの奥でつながっています。そのため、かぜの炎症が耳に及んで中耳炎を招くことがよくあります。軽いかぜでも、長引く場合にはきちんと治療を受けましょう。

### 治療は根気よく続ける

滲出性中耳炎の治療では、抗炎症薬の服用のほか、程度によっては、中の液を抜いて通気をよくするために鼓膜を切開したり、鼓膜に細い管を留置する処置がおこなわれます。
滲出性中耳炎は長引きやすく、また重症化しやすいので、しっかり治療を受けてください。

### 耳掃除は無理をしない

ダウン症の特徴の1つに、外耳道（いわゆる耳の穴）が細くて狭いことがあります。耳掃除で思わぬけがを招くことがあるので、無理をせずに、耳鼻咽喉科に相談してください。聞こえや滲出性中耳炎のチェックにもなります。

いびきは安眠の証拠とは限らない。いびきが大きい場合には、「途中でいびきが止まらないか、苦しそうにしていないか」をチェック

### 睡眠時無呼吸症候群に注意！

寝ている間に、苦しそうないびきをかいていたと思ったら、急にいびきが静かになって、また再開する……そんなときには「睡眠時無呼吸症候群」のおそれがあります。睡眠時無呼吸症候群も、ダウン症に多い症状です。

原因としては、のどの奥を支える筋肉の緊張が弱いことや、扁桃《へんとう》肥大などが考えられます。また、肥満も大きな要因です。

睡眠時無呼吸症候群の対処法としては、肥満の解消、扁桃の切除などがあります。よく医師と相談して決めてください。

適応障害

# ストレスなどで、日常の生活に支障をきたす

適応障害とは、その名前のとおり、「状況に適応できず、障害が起こる」状態です。ダウン症では、特有の症状が表れる場合があるため、「急激退行」と呼ぶ医師もいます。

## ストレスがきっかけになる

つらい経験をしたり、強いストレスを感じる状態が長く続くことが、適応障害の原因と考えられています。ただし、症状の起こる仕組みなどは、まだはっきりとはわかっていません。

## 強いストレス

身近な人との別れや、周囲の人とのトラブルなどが原因となります。そうした強いショックから気持ちを切り替える場がないと、適応障害を招くおそれがあります。

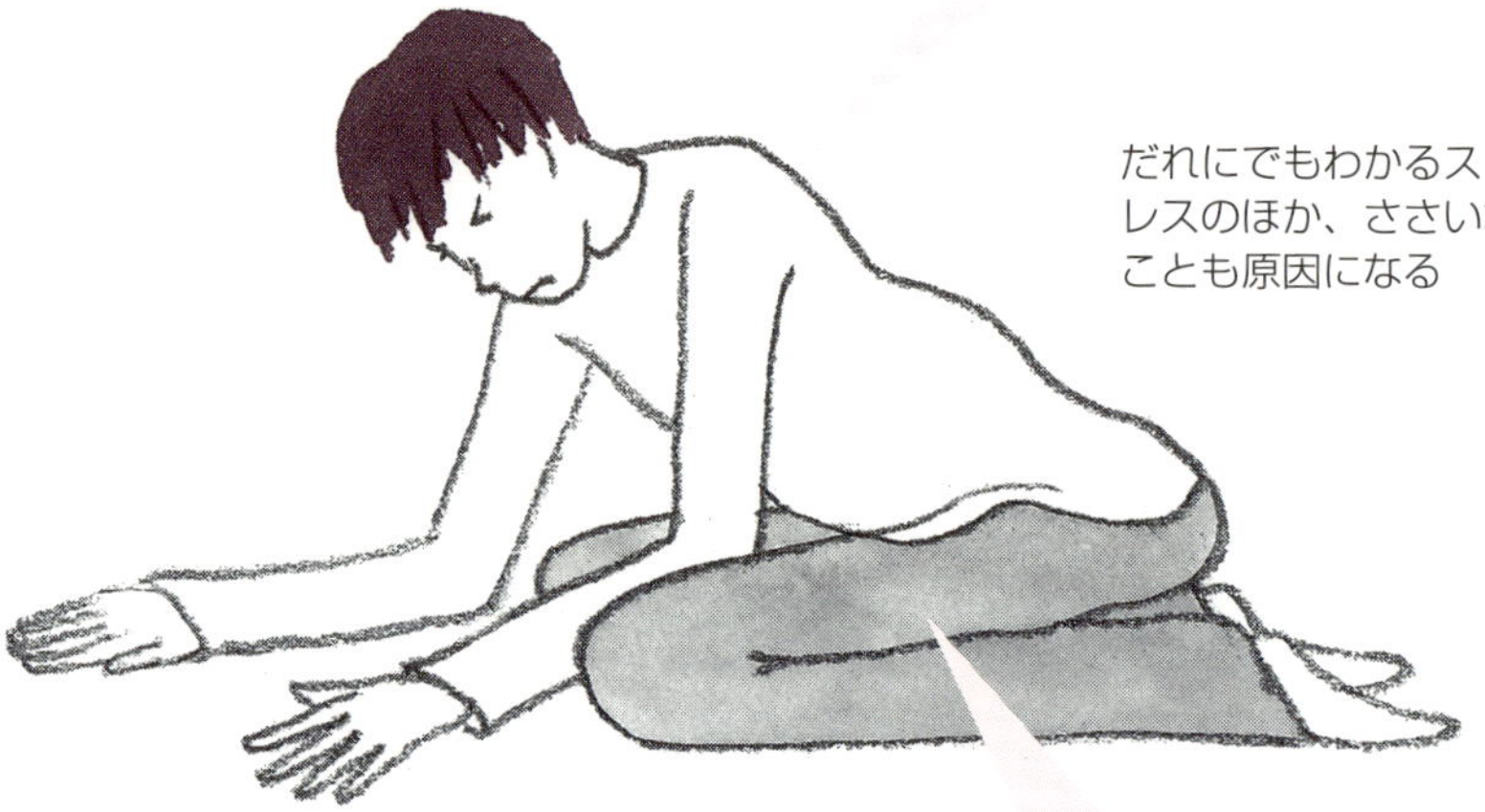

だれにでもわかるストレスのほか、ささいなことも原因になる

## 急激な環境の変化

仕事の内容が変わったり、職場での配置替えなどがあると、新しい環境になかなかなじめない場合があります。

### ●ちょっとした変化から始まる

元気がなくなる、食欲が落ちる、仕事に行くのを渋るようになるなど、ちょっとした変化から始まります。そのままほうっておくと、徐々に程度がひどくなり、次第に日常生活にも支障をきたすようになります。

### ●特有の症状もある

気分の沈みなどのほか、尿失禁や独り言、こだわりが強くなるなどダウン症に特有の症状もあります。また、小刻みに歩くようになるなど、パーキンソン病に似た症状もみられます。

## 治療もきちんと受ける

気になるときには、早めに医師に相談しましょう。ダウン症にくわしい精神神経科が理想的ですが、心当たりがない場合には、担当医に症状をくわしく話してください。

## 休息

体が疲れていると、それだけでもストレスに対抗する力は弱くなります。ダウン症の人は、がんばりすぎる傾向があるので、休むようううながしてください。

## 早めの対処が肝要

症状が進む前の対処が欠かせません。

## 薬による治療

補助的に、抗不安薬などの治療もおこなわれます。また、時にこうした症状のかげに甲状腺機能亢進《こうしん》症が隠れていることもあります。その場合には、甲状腺の働きを抑える薬で症状が改善します。

## ストレスをとり除く

ストレスの原因をできるだけとり除きます。周囲からはわかりにくいささいなことがストレスになっていることもあるので「最近変わったこと」「本人の性格や傾向」など広い視野で原因を探ることも必要です。

家族のほか、職場、趣味の場など、いろいろな集団に属していることが、適応障害の予防に大きなプラスになる

### がんばりすぎが招く

強いストレスや、急激な環境の変化などにさらされたときに、適応障害を招く場合があります。思春期に多く見られます。

ダウン症の人には「がんばり屋」が多く、そのがんばりが時に、精神的、体力的な無理を招いてしまうおそれがあるのです。

### 対処より予防が大切

適応障害は、程度が重くなるとそれだけ治療にも時間がかかります。軽いうちに対処し、症状を進行させせないことが必要です。

また、発症してから対処するよりも、ストレスの原因となることをできるだけとり除くなどの予防はもっと大切です。

職場の対人関係など、個人の力ではむずかしい場合もありますが、「休息をうながす」「息抜きの場をつくる」など、ストレスを軽くする工夫が欠かせません。

COLUMN

# 予防接種はどうすればいい？

## 原則として受けさせる

生まれたばかりの赤ちゃんには、さまざまな予防接種が必要です。ところが、かつてはダウン症の赤ちゃんは副作用の危険が高いとして、予防接種を受けないほうがよいと考えられていました。

「感染症にかかりやすい」というダウン症の赤ちゃんの特徴を考えると矛盾しているようですが、予防接種は、もともと非常に弱毒化した病原体を体内に入れて、免疫をつくるためのもの。赤ちゃんの抵抗力が弱いと、逆に病原体が悪影響を及ぼすおそれがあるのです。

ところが、近年では医療技術が発達したことと、ダウン症の人が社会に出て多くの人と接する機会が増えたことなどから、ダウン症の赤ちゃんも予防接種を受けるべきという考えが一般的です。

## 接種の時期はまちまち

具体的に、いつ予防接種を受けるかは、赤ちゃんの健康状態によります。合併症などがなければ、一般の基準に準じます。

しかし、先天性心疾患などがある場合は、その治療との兼ね合いもあるため一概にはいえません。予防接種の前後に、副作用を抑える薬を使うなど、予防接種の方法が異なる場合もあります。

担当の医師とよく話し合って、予防接種の時期、注意すべき副作用などを把握しておきましょう。

注射をした日は安静にするなどの注意を守ろう

# 5

# ダウン症の疑問に答える

遺伝について、社会支援について、
ダウン症にまつわる情報をまとめました。
社会サービスや情報を上手に使いこなして、
負担を減らしていきましょう。

## 原因は?

# ほとんどは突然変異によって起こる

ダウン症は、受精卵ができるときに何らかの異常が生じ、染色体が一本過剰になって起こります。

しかし、染色体の異常がなぜ起こるのか、その原因はわかっていません。

### 遺伝よりも突然変異がほとんど

ダウン症は、21番染色体が過剰になっている状態です。精子や卵子がつくられる過程で起こる突然変異が原因と考えられています。

### 染色体は両親から半分ずつもらう

私たちは、両親から染色体を23本ずつもらいます。それが2本ずつ1組になって、1つの細胞には23組46本の染色体があります。しかし、ダウン症では染色体が47本になります。

父親から23本

母親から23本

突然変異

突然変異

ダウン症には3つのタイプがある

**21番トリソミー型**

本来、染色体は2つで1組となっています。ところが何らかの理由で、21番染色体が3本になっています。

ダウン症の大半がこのタイプです。

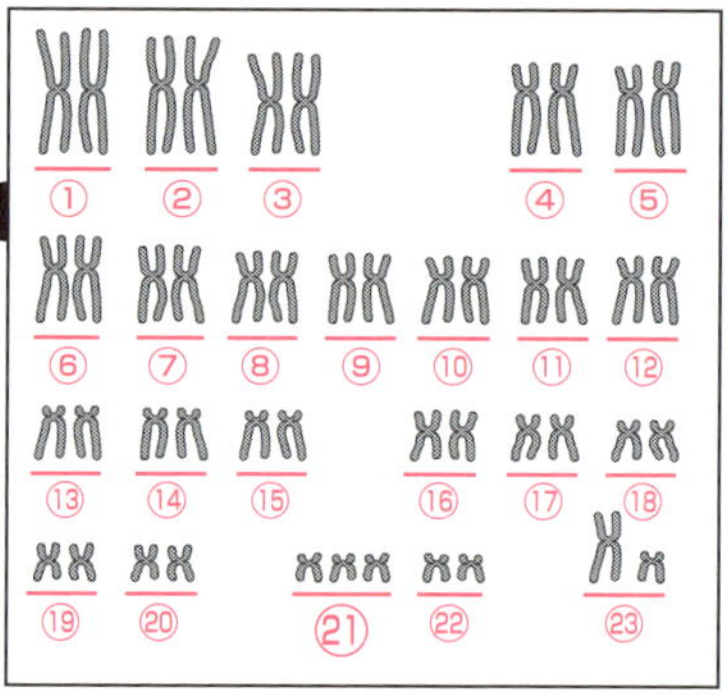


ダウン症では、21番目の染色体が3つのタイプがもっとも多い

**転座型**

21番トリソミー型に次いで多いタイプです。21番染色体の一部が、14番染色体などにくっつき（転座）、過剰になっている状態です。

**モザイク型**

受精卵が分裂する際に異常が生じ、23組46本の染色体をもつ細胞と、23組47本の染色体をもつ細胞が混ざっている状態です。

## 出生前診断については慎重に

出生前診断については、日本ではまだ方法や対象について統一のガイドラインがありません。受ける場合には、「どんな検査で、何がわかるのか」を自分自身で知っておかなければなりません。

### カウンセリングの態勢をチェックする

検査をおこなう医療機関で、カウンセリングの態勢が整っているかどうかも知っておきたいところです。

**●超音波検査**

手軽で負担も少ないため、よくおこなわれる。赤ちゃんの体を外から見ることができるが、臓器の状態などはわからない

**●母体血清マーカー検査**

母親の血液を少量とって含まれる成分を調べ、赤ちゃんの異常や病気の確率を算出する。あくまでも可能性がわかるだけで、確定診断ではない

**確実ではない**
**手軽におこなえる**

**●羊水診断**

母親のおなかに細い針を刺して、子宮内の羊水を少量とる。羊水には赤ちゃんから出る細胞が含まれているので、かなりくわしく調べることができる

**●絨毛《じゅうもう》検査**

子宮口から器具を入れて、子宮内の組織を少しとる。羊水検査と同様、赤ちゃんの状態をくわしく調べることができる

**確実である**
**多少のリスクを伴う**

羊水検査も絨毛検査も、妊娠中の母体を刺激するため、流産などの危険性がある

### 新しい出生前診断

母親の血液中に含まれる胎児のDNAを調べる方法。採血だけで診断できる安全かつ精度の高い検査。検査対象のルールを定め、日本医学会が認定する遺伝カウンセリングなどのできる専門医のいる病院で実施しています。

## 原因追究は意味がない

ダウン症のほとんどは明らかな原因がなく、突然変異によるものと考えられています。だいたい、赤ちゃん一〇〇〇人に一人の割合で起こります。

高齢出産で発症率が高くなることから、年齢が一つの目安にはなります。しかし、それでも「なぜ」ダウン症になるかは、現在まだわかっていません。

## 本当に出生前診断が必要かどうかよく考えて

最近では、おなかの中の赤ちゃんの状態を調べ、先天的な異常をキャッチできるようになってきました。特に高齢の女性や、ダウン症の子どもを生んだ経験のある女性で、出生前診断を希望する人が増えています。

出生前診断を考慮する際には、必ず医師の説明をよく聞いてください。また、検査によっては、対象となる人がガイドラインで決められています。

支援は？ ①

# 医療費、養育費のサポート

経済的な負担をサポートする仕組みがあります。地域の独自サービスもあるので、地域の福祉担当窓口などで相談してください。

## 手帳の種類

### 身体障害者手帳

視力、聴覚、平衡感覚（バランス）、音声言語機能（ことば）などの問題のほか、肢体不自由、内部障害（心臓や腎臓など内臓の障害）などのある人が対象になります。障害の程度に応じて、1～6級の区分があります。

### 療育手帳

知的障害のある人に交付されます。ＩＱや社会性、日常動作の程度に応じて基準が決まります。判定基準は細かく定められており、地域によって多少異なります。

### 精神障害者保健福祉手帳

精神障害などで日常生活に困難がある人が対象です。

## 療育手帳を取得するケースが多い

手帳は、福祉制度やサービスを利用する際に、障害の有無や程度を証明するものです。

## 療育手帳の申請

福祉事務所や市区町村役場の福祉担当窓口で、手帳の交付に必要な申請書を受け取ります。その後、児童相談所（18歳以上の場合は更生相談所）で心理判定を受け、判定結果と申請書、写真を提出して手続きをします。

### 身体障害者手帳を申請する場合は医師に相談するのがベター

身体障害者手帳の申請には、医師の診断書が必要です。前もって担当医に相談しておくとよいでしょう。

## 療育手帳で受けられるサービス

- 特別児童扶養手当
- 心身障害者扶養共済
- 国税・地方税の控除・減税
- 公営住宅への優先入居
- ＮＨＫ受信料の割引
- 旅客鉄道運賃の割引　　など

これらのほか、地域によって独自のサービスがあります。ただし、障害の程度によって受けられるサービスが異なるので、よく確認してください。

## 療育手帳の取得は人によって異なる

ダウン症は、療育手帳あるいは身体障害者手帳の対象となっています。これらの手帳をもっているとさまざまなサービスが受けられます。また、共済制度などの経済的な支援制度を利用するときにも、手帳の提示が求められます。

ただし、手帳の取得は義務ではありません。あえて利用しないことを選ぶ人もいるようです。

## 医療費の補助を利用する人が多い

ダウン症では、特に幼少時に合併症の治療などで医療費の負担が大きくなります。こうした負担を軽くするために、いろいろな支援を利用できます。

地域によっては、独自のサービスをおこなっているところもあります。また、ダウン症に限らず、乳幼児の医療費の補助制度がありますから、積極的に利用したいものです。

それぞれ、管轄する部署や必要な書類が異なるので、地域の福祉担当窓口で聞いてみて

## 子どものときに利用できる経済的支援

支援制度によっては、対象年齢が定められています。ここでは、20歳未満を対象にした主な支援制度を紹介します。

**医療費の支援**

### 乳幼児医療費助成制度

乳幼児を対象に、医療費の助成をおこなう制度です。地域の自治体によって運営されているため、居住地区以外では利用できません。また、ほかの医療費助成制度を利用している場合は、対象になりません。

### 特別児童扶養手当

身体、または精神に障害のある子どもをもつ父母、または養育者に給付されます。手帳を取得していなくても、申請できます。

ただし所得による制限があります。

**全般的支援**

### 慢性疾患や重度障害への援助

ダウン症で、先天性心疾患がある場合には、小児慢性疾患への援助が受けられます。

また、身体障害者手帳や療育手帳を取得していて、その程度が重い場合には、重症心身障害児医療の対象になります。

**注意！**

- 地域によって内容に差がある
- ほかの援助と重複して受けられない制度もある

乳幼児医療、重症心身障害児医療の支援は住んでいる地域以外では助成を受けられない。また、所得や他の制度の利用状況などによる制限があるので、よく確認を

## 支援は？ ②

# 社会生活を送るうえで利用できるサービス

成年後は、学童期とは違った視点での支援制度が必要になります。社会的、経済的な自立を支える取り組みや支援制度を紹介します。

### 経済的支援は主に2つ

障害のある人や、その養育者を対象にした経済的支援は大きく分けて2つあります。

#### 心身障害者扶養共済制度

心身に障害がある人を養育している人が、一定額の掛け金を積み立て、ある一定の期間がすぎると年金が子どもに支給される仕組みです。市区町村役場の福祉担当窓口で手続きができます。

#### 障害者年金

国民年金制度のうち、障害のある人を対象にした仕組みです。20歳以上で、障害者の認定を受けている人が対象です。社会保険事務所か、福祉担当窓口で手続きをおこなってください。

### ●自宅でできること

生活動作を身につけたり、お金の管理、手帳の更新などの手続きが自分でできるようにふだんから練習しておきます。

### ◆金銭的な管理をいっしょにやっておく
### ◆手帳の更新など、可能なかぎり自己管理させる

日ごろから、お金の管理をしたり、療育手帳の更新を徐々に自分でできるようにするなど、身の回りの管理の練習が、ひいては社会的自立へとつながります。

出納帳をつける練習をしておこう

## 地域でのサービスも増えつつある

最近では、グループホームや授産施設の認定が増えるなど、少しずつ地域での受け皿が増えています。

### ●就労
### ●通所施設

就労の場としてもっとも多いのが少人数の作業所です。親やボランティアが運営しているところが多いのですが、こうした作業所が認定を受け、自治体の支援のもとで運営されるようになるケースも増えています。

自宅から通勤する

### ●入居型施設

ダウン症の人にとって一人暮らしはまだまだむずかしい現状があります。そこで、親から離れて独立しようとする人の選択肢として、グループホームがあげられます。

こうした施設が、最近増えてきています。

### ◆余暇への取り組みも始まっている

主に親の会が中心となって、余暇を楽しむサークル活動がおこなわれているケースが多いようです。なかには、企業と提携して大きなイベントを成功させるなど、支援の内容はさまざまです。

## 経済的自立は、金銭管理から

就労の選択肢が増え、働く場が増えたとはいえ、経済的な自立という点では、まだまだむずかしいのが現状です。

そのため、生活費や医療費の支援制度のほか、「心身障害者扶養共済制度」など、子どもの将来のために積み立てておく制度もあります。

また、経済的自立のためには、自分で金銭を管理する力も必要です。日ごろから、自分の収入と、使ったお金の出納を記録する習慣をつけるとよいでしょう。

## 地域サービスはよく確かめる

支援制度には、「障害者医療費助成制度」のような基本的なわくぐみのほか、地域で独自に展開しているサービスもあります。

地域のサービスの手続きや受給資格などの情報は、市区町村役場の福祉担当窓口で得られます。上手に利用してください。

## 相談先は?

# 家族で悩まず、専門家のアドバイスを受ける

ダウン症の子どもを育てるうえで、困難や悩みに直面したときには、専門家に相談してください。地域で活動している親の会をたずねてみるのもよいでしょう。

### 相談先はけっこう多い

経済的なことなど、なかなか人には相談しにくいこともあるでしょう。また、「どこに行ってよいかわからない」というときには、まずは身近な人に相談を。医療機関のカウンセラーでもかまいません。

#### かかりつけ医や病院のスタッフ

健康管理上の疑問はもちろん、医事相談課などで支払いに関する相談もできます。

#### 福祉事務所

都道府県・市区町村が設置していて、福祉に関するあらゆる相談に応じています。市区町村役場の「福祉課」が兼任しているケースも多く、知的障害者更生相談所などとも連携しています。

#### 児童相談所

ケースワーカーや心理判定士、医師が18歳未満の子どもに関する相談を受け付けています。自治体によって「子ども相談センター」などの名称を使っているところもあります。

#### 知的障害者更生相談所

18歳以上の知的障害者に関する相談を受け付けています。地域によっては、身体障害者更生相談所などと兼任していて、「相談センター」などの名称も使われています。また、通所指導などの教室を併設しているところもあります。

#### 保健所

地域の保健サービスをおこないます。医療や教育に関する相談のほか、育児相談や指導もおこないます。保健師や医師の訪問相談を受け付けているところもあります。

#### ハローワーク

障害者担当窓口を併設していて、就職の相談のほか、就職後にジョブコーチを派遣するなどの援助もおこなっています。

**●電話でもよい**

ほとんどの機関で、電話での相談も受け付けています。ただし、具体的な対応となると、来所や面接が勧められることがあります。

## 利用しない手はない

　地域の福祉担当窓口では、地域のサービスなどについての情報が得られます。経済的支援だけでなく、早期療育など育児に関する情報もあります。

　こうしたサービスに関する情報は、積極的に集めないとなかなか入手しにくいものです。

　サービスがあるなら利用しなければ意味がありませんし、利用した感想や要望を打ち返すことで、よりよいサービスが期待できます。

## 迷ったら保健所か児童相談所へ

　サービスを管轄しているのがどこか、素人にはなかなかわかりにくいものです。関心があるけれど、どこに行ったらよいかわからないという人は、まず保健所か児童相談所へ。

　地域の情報はおおむね把握していますし、適切な相談窓口を教えてもらえます。

### 親の会の主な活動

　ダウン症の子どもとその親同士の交流や情報交換の場として、「親の会」が各地域で活動しています。

　親の会に関する情報は、医療機関や保健所などでも入手できます。

**イベントなど**

遠足などのイベントをおこなったり、趣味のサークルを立ち上げるなど、余暇を楽しく過ごすための活動にも力を入れています。

**親同士の交流**

ダウン症の子どもをもつ親同士の交流の場となります。育児上の悩みや苦労などを分かち合える場にもなります。

会によって運営方針や雰囲気が異なるので、実際に親子で参加して確かめてみよう

**啓発活動**

講演会を主催したり、小冊子を作成することで、ダウン症に関する知識を広める活動をしている親の会もあります。

**子ども同士の交流**

特に通常学級に通っている子どもにとって、ほかのダウン症の子どもとの交流は貴重な機会です。

COLUMN

# 一人暮らしはできるの?

家庭で身につけた生活動作を試すチャンスとなる

## 取り組みには地域差もある

一人暮らしを望むダウン症の人は多いのですが、経済的な問題や、あるいは場が確保できないなどのさまざまなハードルがあります。

そのため、現在のところ、親元を離れて生活する場としてはグループホームを利用するケースがほとんどです。

グループホームや施設を利用したいと思ったら、地域の福祉課や親の会に問い合わせてみるとよいでしょう。親の会のなかには、独自にグループホームを立ち上げたり、外泊訓練をおこなってダウン症の子どもたちの独立をうながしているところもあります。

グループホームや作業所の設置などは、地域によって取り組みに差があります。もし身近に利用できる施設がなければ、要望を福祉担当課に出してみましょう。そのようなニーズがあることを行政に伝えることから、対応が始まることもあります。

■監修者プロフィール

**池田由紀江**（（いけだ・ゆきえ）

1968年、東京教育大学（現筑波大学）大学院博士課程教育学研究科修了。東京都心身障害者福祉センター、筑波大学心身障害学系講師、助教授、教授を経て、現在筑波大学名誉教授。保健学博士。

『ダウン症児の早期教育プログラム』（編著、ぶどう社）、『ダウン症児の発達と教育』（明治図書出版）、『ダウン症児のことばを育てる』、『ダウン症者の豊かな生活』（ともに共編著、福村出版）など著書多数。



●編集協力
オフィス201
原　かおり

●カバーデザイン
松本　桂

●カバーイラスト
長谷川貴子

●本文デザイン
勝木雄二

●本文イラスト
丸山裕子
千田和幸



**健康ライブラリー　イラスト版**

**ダウン症《しょう》のすべてがわかる本《ほん》**

2007年10月10日　第１刷発行
2022年11月４日　第15刷発行

監　修　池田由紀江（いけだ・ゆきえ）
発行者　鈴木章一
発行所　株式会社講談社
東京都文京区音羽二丁目12-21
郵便番号　112-8001
電話番号　編集　03-5395-3560
販売　03-5395-4415
業務　03-5395-3615
印刷所　凸版印刷株式会社
製本所　株式会社若林製本工場
N.D.C. 493　98p　21cm





ISBN978-4-06-259419-6


■参考文献


『ダウン症ハンドブック』池田由紀江監修、菅野敦・玉井邦夫・橋本創一編(日本文化科学社)

『ダウン症児の早期教育プログラム』池田由紀江編(ぶどう社)

『小児のメディカル・ケア・シリーズ　ダウン症<第2版>』日暮眞・高野貴子・池田由紀江著(医歯薬出版)

『新版ダウン症児の育ち方・育て方』安藤忠編著(学習研究社)

『ダウン症は病気じゃない』飯沼和三著(大月書店)



KODANSHA

## 講談社 健康ライブラリー イラスト版

### 知的障害／発達障害のある子の育て方

徳田克己、水野智美 監修

障害のとらえ方から家庭でのかかわり方まで「これから」に備えて「いま」できること

ISBN978-4-06-519309-9

### 食物アレルギーのすべてがわかる本

国立病院機構相模原病院臨床研究センターアレルギー性疾患研究部長
海老澤元宏 監修

血液検査が陽性でも食べられないとは限らない。正しい食事管理から緊急時の対応法まで徹底解説！

ISBN978-4-06-259782-1

### ことばの遅れが気になるなら 接し方で子どもは変わる

青山学院大学教授 小児精神科医
古荘純一 監修

声かけ、読み聞かせ、スキンシップ、感覚遊び……心と体への働きかけでことばが育つ！

ISBN978-4-06-524582-8

### 吃音のことがよくわかる本

九州大学病院耳鼻咽喉科 医学博士
菊池良和 監修

「ゆっくり話そう」「落ち着いて」は逆効果。吃音の原因、現れ方、対応法を解説。正しい知識で悩みを減らす決定版！

ISBN978-4-06-259798-2

### 子どもの花粉症・アレルギー性鼻炎を治す本

ながくら耳鼻咽喉科アレルギークリニック院長
永倉仁史 監修

子どもの症状はくしゃみ、鼻水だけではない。大人と違うから気づきにくい。年代別対応法と根本から治す最新療法がわかる。

ISBN978-4-06-259800-2

### チックとトゥレット症候群がよくわかる本

東京医科大学小児科名誉教授／北新宿ガーデンクリニック
星加明徳 監修

育て方の問題？ 子どもの10人に1～2人が発症するチック。原因、対応法、治療について名医が多くの不安に応える。

ISBN978-4-06-259443-1

## 講談社 健康ライブラリー スペシャル

### 発達障害がよくわかる本

信州大学医学部子どものこころの発達医学教室教授
本田秀夫 監修

発達障害の定義や理解・対応のポイント、相談の仕方、家庭と学校でできることを、基礎から解説。

ISBN978-4-06-512941-8

### 3歳までの子育てに大切なたった5つのこと

児童精神科医
佐々木正美 監修

「5つのこと」を心がけるだけでみるみる変わる！パパ＆ママ、保育園・幼稚園の先生向けのハッピー子育てレッスン。

ISBN978-4-06-259680-0